RECOMMENDATION ENGINES

MICHAEL SCHRAGE

レコメンデーション・エンジン

マイケル・シュレージ＝著

椿 美智子＝監訳　杉山千枝・山上裕子＝訳

RECOMMENDATION ENGINES

MICHAEL SCHRAGE

レコメンデーション・エンジン

シリーズ序文

マサチューセッツ工科大学出版局エッセンシャルナレッジシリーズは，今注目を集めている話題をわかりやすく簡潔にまとめ，美しい装丁にして読者にお届けします。一流の思想家を著者に迎え，本シリーズでは文化・歴史から科学技術まで多岐にわたる分野において，専門家による意見をまとめています。

欲しいときにすぐに情報が手に入る今の時代，さまざまな意見を知り，それらを正しく理解，そして表面的な解説を見聞きするのは簡単なことです。しかし，それよりはるかに難しいのは，世界を本質的に理解する際のよりどころとなる基礎知識の習得です。エッセンシャルナレッジの書籍は，このようなニーズにお応えします。専門的なテーマを一般の読者にも理解できるようにまとめ，基礎知識を通して重要な話題に関心をもたせます。コンパクトにまとまったシリーズ本を一冊一冊読み進めることで，読者は複雑な概念を理解する出発点に立つことができるでしょう。

マサチューセッツ工科大学（MIT）
生物工学および情報科学教授
ブルース・ティダー

謝辞

この謝辞を書くにあたり，過去に執筆した本の謝辞をもう一度読み返してみました。そこに書かれていたのは私の心からの感謝と，このうえない安堵感を表す言葉でした。この謝辞ではそれら二つのことに加えて，もう一つのことを書かなければなりません。それは，この本を書かせていただいたことに対する畏怖の念です。

私はこの破壊的なトランスフォーメーションの時代に，こうしてレコメンデーション・エンジンの数学的・技術的な「エッセンシャル・ナレッジ（必須知識）」をとらえ，抽出・伝達し，心底理解することができたことを大変ありがたく感じています。この本の成功は，本書のために時間を割き，私と読者の知識習得をご支援くださった方々の「洞察にあふれたご好意」と「あふれんばかりの洞察」なくしてはありえませんでした。本書の読者とはつまり，この本を今読んでいる「あなた」です。

この本の最も素晴らしい点は，「あなた」が親切に教えてくれた情報やコメント，レビューが本書の執筆の礎になっているという点です（しかしながら，本書における間違いや誤解，誤植はすべて私の責任であり，ほかの誰の責任でもありません）。それゆえに，この本の執筆は楽しいものでした。なぜなら，その本質的なテーマは世界的に重要でタイムリーであり，また，人々が感じている（リアルな）自由に絶大な影響を及ぼすものだからです。

担当編集者のエミリー・テーバーは，本書の執筆にあたっての一番の，かつ必要不可欠なパートナーでした。彼女のコメントや批評，機敏な対応，そして物書きのトレーナーのようなコミュニケーションのスタイルのおかげで，本を書く大変さが少し減り，より仕事が早く進みました。文字通り「筆舌に尽くせない」ほど，彼女に感謝しています。彼女の存在なくしてはこの本もありません。また，私の大切な友人で，マサチューセッツ工科大学（MIT）出版局論説委員のギータ・マナクタラにも感謝を述べたいと思います。彼女は人としても，編集者としても素晴らしい人物です。彼女は，私のダメな仕事っぷりから私やエミリーやこの本をしっかりと守ってくれました。

同じくMIT出版局のマイケル・シムスは，巧みに本書を編集し，データや出典確認をしてくれたリサーチャーのタイラー・メイヨを探してきてくれました。デボラ・キャンター＝アダムスは，制作工程を管理し，編集作業を完成まで導いてくれました。

MITの同僚たちにもずっと助けられています。世界レベルの研究者でデジタル分野の将来を提言するリーダーでもあるMITデジタル・エコノミー・イニシアティブ（MIT Initiative on the Digital Economy: IDE）のエリック・ブリニョルフソン，アンドリュー・マカフィー，デイヴィッド・ヴェリル，クリスティン・コーには特に謝意を表したいと思います。彼らは友であり，同僚でもあります。同じくIDEのポーラ・クレインには取材させてもらったうえ，原稿にも手を入れてもらいました。それによって本書の質が一段と上がり，大変助かりました。MITが先駆的に行っている「プラットフォーム・サミット」の運営者であるマーシャル・ヴァン・アルスタイン，ジェフ・パーカーもよき支援者です。

レコメンデーション・エンジンや「セルフウェア」*1の研究を進めていく過程で，『MITスローン・マネジメント・レビュー』*2とも一緒に仕事をする機会が増えました。現在進行中のデイヴィッド・キロンおよびアリソン・ライダーとのコラボレーションは大変順調に進んでいます。二人にもお礼を申し上げます。さらに，『ハーバード・ビジネス・レビュー』のメリンダ・メリノも手際よい対応で編集を手伝ってくれました。

私は社会人教育のクラスやMITのIndustrial Liaison Program（ILP）*3を通じ，研究テーマである「未来の行為主体性・助言・レコメンデーションの仮説」を幅広い場所でオープンに試させてもらい，洗練させてきました。社会人教育クラスの学生たちは，知的好奇心をもちながら，仮設を現実社会でものにしたいという強い思いをもって取り組んでくれました。

---

*1　自分の未来をシミュレーションしてくれる人工知能を含むソフトウェア全体。
*2　MITスローン経営大学院の論文誌。
*3　産学交流プログラム。

ILPの仲間，なかでもカール・コスター，トッド・グリックマン，トニー・ノップ，マリー・ヴァン・デル・サンデ，ランダル・ライト，シェリ・ブルデューア，ジュワン・ベー，コーリー・チェン，ダフネ・ド・バリトールト，マリー・ディチッコ，ホン・ファン，ケン・ゴールドマン，ピーター・ローゼ，レイチェル・オベラ＝ソルツ，スティーヴン・パルマー，エリック・ヴォーガン，グラハム・ロング，クラウス・シュライヒャー，ロン・スパングラー，イリーナ・シガロフスキーには，本当に感謝しています。彼らは，本書のテーマを現実社会の文脈で検証するにあたっての秀逸な相談役や助けになってくれた人・企業を私に紹介してくれました。

加えて，トム・マローン，ロニー・コハヴィ，グレッグ・リンデン，パトリック・ヘブロン，ブラッド・クリンゲンバーグ，そしてAmazon，Facebook，Alibaba，Microsoft，Netflix，Booking.com，Googleに所属する友人や仕事仲間も，レコメンデーションの将来展望についての私の質問に答え，意見をくれました。

最後に，躊躇《ちゅうちょ》なく私にインスピレーションや洞察を与えてくれたほかのMITエッセンシャル・ナレッジ・シリーズの著者たちに感謝を述べてこの謝辞を締めくくりたいと思います。特に『自由意志』『機械学習』『データサイエンス』『メタデータ』『自己追跡』の各書はこの本を書くうえで大変参考になりました。本書がシリーズの一冊としてかなうものとなることを期待しています。

また，妻のベス＝アンにもさまざまな意味で格別の謝意を示したいと思います。彼女は，私が危ないとわかっているのについ無視してしまう最高のレコメンデーション・エンジンです。編集作業ではないかもしれませんが，本書と私の人生がこうして成り立っているのは，彼女の貢献のおかげなのであります。

はじめに

この世の中に，優れたアドバイスを好まない人や，アドバイスなどいらないという人はいるでしょうか。タイムリーで気が利いて，心地よく私たちを驚かせてくれる，そんな提案をありがたいと思わない人などいるのでしょうか。私は今まで人生で経験してきた私生活や仕事上の大きな節目で，どれほど誰かのすすめや助言の影響を受けてきたことか。友人や同僚からの「本当に私のことをわかっているのか」と突っ込みたくなるほど聞くに堪えない意見から，「なぜ今まで思いつかなかったんだろう」と思わずドキっとしてしまうようなきわめて鋭い指摘まで，私は実にいろいろな提案を他人から受けてきました。

もちろん，「よいアドバイス」が本当に「よい」かどうかは受け手の解釈に大きく委ねられます。自分のアドバイスは本当に役に立ったのか，自己満足ではなく建設的であったか。もっとよい提案をし，説得力を上げるには何を変えればよいのかなど，私はずっと自分自身の助言，ことに仕事で誰かに提案してきたアドバイスが，本人にどう受け止められているのか疑問に思ってきました。こんなふうに，私は常にアドバイスを人からもらうときも，また人に提案するときも，真剣にとらえています。それだけに適切なタイミングでレコメンデーション（推奨情報）を提示することの重要性や，その人を動かす力を実感しているのです。

最適な瞬間にレコメンデーションを出すというのは，まさしくAmazon，Netflix，Facebook，Spotify，Google，LinkedIn，Tinder，TikTok，YouTubeといったサービスの狙いであり，これこそ，彼らのビジネスの成長の源です。こうしたサービスでは，「レコメンデーション・エンジン」（あるいはレコメンダー・エンジン）という大規模で高性能な機能を使い，ユーザーと似たような人がどんなものを好んでいるかをアルゴリズムで導き出し，同時に，ユーザーがそれまで考えていなかった選択肢や機会を検討させる仕組みをつくっているのです。

「本の検索におけるレコメンデーション機能の変化を見ていくうち，有効なものと，そうでないものとがわかったのです」。Amazonの初期のレコメンデーション・エンジンの開発を手がけ，本書の執筆にあたり多大な協力をしてくれたグレッグ・リンデンは当時を振り返り，こう語りました。「私たちは，ユーザーがおそらく自分自身では探すことのなかった本を見つける手助けをしたのです。レコメンデーション・エンジンはマーケティングの手段ではなく，単に本とそれを好む人を引き合わせるものです。しかし結果として，ユーザーが必要としているものを探す手伝いをすることで，より多くの商品を買ってもらえるということが明らかになりました」。

まったくその通りですよね。でも，デジタルデバイスやAirPodsから瞬時に確実に，そして親友よりもよいアドバイスが得られるような世界では，一体何が起こっているのでしょう。この本では，そんな世界がどう動いているのかをひも解いていきます。

これは，冷静でありながら情熱的でもある取り組みです。私は知的にも，また感情的にもレコメンデーション・エンジンのもつ目的と力に惹かれています。的確なアドバイスや（一見）気軽なおすすめを提案することで誰かの人生を変えられるというこの技術は大変素晴らしく，魅力的です。だからこそ，レコメンデーション・エンジンはもっと研究されるべきだと私は思うのです。

こうした背景にもかかわらず，人とレコメンデーション・エンジン，アドバイスとの関係は，ほとんど理解されておらず，評価もされていません。レコメンデーション・エンジンは，認知心理学や神経生理学，行動経済学といった科学で説明できるものではありません。人々が助言を求めたり，体験したりする手法が，デジタルメディアやアルゴリズムなどの新しい技術によって決められていくという実態がますます進むなか，私たちは今一度レコメンデーションの意味を振り返り，とらえ直していく必要があるのです。

単刀直入にいえば，技術が「助言」を乗っ取っているということです。この「乗っ取る」は敵対的だと批判する人もいれば，データを活用した「時間，利便性，発見の贈り物」だという意見もあります。遅かれ早かれ，世界のほとんどの場所でほとんどの人々が，「何をするか」「どこに行くか」または「誰に連絡するか」を決めるとき，何らかのレコメンデーション・エンジンを使わずにはいられない状況がやってくるのです。人々は自分の欲しいものを欲しいときに得られるよう，より確実ではっきりとした提案をレコメンデーション・エンジンに求めています。これは大変大きな意味をもちます。人間の行動の未来予想図を描いているのですから。

どちらかというと偶然ではありましたが，私はレコメンデーション・エンジンの学術的な研究が始まった頃からマサチューセッツ工科大学（MIT）のメディアラボやスローン経営大学院でその発展に直接的，そして間接的にも携わってきました。当時，周りの（秀才の）同僚たちの様子からレコメンデーション・エンジンが重要なものだということにはうすうす気がついていたものの，告白するとそんなに壮大なものとは思っていませんでした。ちょっとした統計的法則と半構造化データベースを使ってつくられた巧妙なプロトタイプが，ビッグデータと機械学習のイノベーションという学際的なジャガーノート（圧倒的な力）へと急成長するとは皆目見当もつかなかったのです。しかし，それはとんだ思い違いでした。レコメンデーション・エンジンが，ソフトウェアのなかの小さい便利な機能から商用システムやグローバルシステムの設計の原理にまで進化するというのは，私にとってまったく想定外のことだったのです。何という愚か者でしょうか。そんなわけで，私はその愚かな自分への償いにこの本を書きました。

1兆ドル(約110兆円)規模の市場ポテンシャルをもち，世界中のポップカルチャーと購買行動の両方に影響を及ぼすレコメンデーション・エンジンを，企業がこぞって研究していることは，実に驚くべき事実ではないでしょうか。ジェフ・ベゾス，ジャック・マー，リード・ホフマン，カトリーナ・レイク，ダニエル・エク，マーク・ザッカーバーグ，そしてリード・ヘイスティングスはデジタル・ディスラプション*[1]を偶然に起こしたわけではありません。彼らの組織はレコメンデーション・エンジンを通して顧客の期待や「選ぶ」という行為に関連した体験を根元から変えたのです。

この本は，そうした変化し続けるレコメンデーションの考え方について，知っておくべき知識とは何かを探り，解説することを目的としています。その意味では，歴史は技術と同じくらい重要であり，人間は機械と同じくらい欠かせません。実際に，レコメンデーション・エンジンは人の意識の最も興味深い側面や要素と，ネットワーク化されたAI(人工知能)の，最も難しく議論の的となっている部分を掛け合わせ，新しいサービスをつくり出しています。レコメンデーション・エンジンはまた，

*1　デジタル技術により今までのビジネスを根本から変える破壊的なイノベーション。

「個別化」するものであり，同時に「予測」するものでもあります。その曲の何が具体的にあなたを惹きつけているのでしょうか。どうしてあなたは，その提案ではなく，こちらの提案を受け入れるのでしょう。レコメンデーション・エンジンは，こうした推論が相互に依存し合う関係を生み出しています。したがって，機械や人間がどのようにデータを意思決定に変えていくかという方法を理解せずして，レコメンデーションの未来を語ることはできません。レコメンデーションの技術からも，基盤となる数学的理論からも逃れることはできないのです。

たとえば，かつて人々は地図や方位磁石，ガイドブック，ひいては夜空の星を頼りに世界を旅していました。しかし現代では，GPS，高解像度のディスプレイ，艶《つや》っぽい女性の声というマルチメディアの3点セットが文字通り，「左折すると17分早く目的地に着きます」とか「右方向に絶景スポットがあります（ちなみに3.2km先に世界で最もおいしいパンケーキが食べられるレストランがあります）」などと案内してくれるのです。推奨やアドバイス，そしてこれらに関連する選択肢が，密接に，そしてより深く絡み合うことで，単なるユーザーの期待ではなく，新たに浮かび上がった要求に応えているのです。

このことはまた，レコメンデーション機能が世界を理解する方法とユーザーを理解する方法の両方を提供しているということを意味しています。レコメンデーション・エンジンは世界に存在する選択肢のなかから最もユーザーにふさわしいもの（レコメンデーション）を優先的に見つけ出します。こうしたレコメンデーションは，この世界のほんの一部分にすぎないけれど，ユーザーにとって最も大事な部分，言い換えれば，ユーザーの意識の底に潜むはっきりとした欲求を反映しています。そして同時に，ユーザーはそうしたレコメンデーションについて，自分が考える（感じている）「自分」が共感できるものか，または興味を惹かれるものであるかを見きわめ，選択できるのです。「この選択肢は自分の好みやニーズに本当に合っているのか」「このオプションを選ぶ自分をイメージできるか」など，レコメンデーション・エンジンが提案するのは「今」の自分のことであるとともに，「未来」の自分のことでもあるのです。

この二重性はデカルトやハイゼンベルクの思考実験のように挑発的で実用主義的です。レコメンデーションはイノベーションを呼び起こします。偶然のような提案や突然の出来事はユーザーの世界観を変えるだけでなく，ユーザーの自分自身に対する見方やとらえ方にも変化をもたらします。優れたレコメンデーション・エンジンは新しい世界や自分の発見をうながし，本当にわくわくするものなのです。自分を見つけたときの衝撃。これこそがこの本の重要なテーマといっても過言ではありません。レコメンデーションは単に買い物のツールではないのです。それは，私たちがどのように在りたいか，そしてどのように選択をしていくかということを意味します。

レコメンデーション・エンジンが世界のデジタルのエコシス

テムにどんどん浸透していくなかで，それによって得られる発見も映画や音楽，本，ビデオゲーム，仕事，友達，フォロワーといったものから，今後はテーマや経験，果ては拡張現実（AR）や仮想現実（VR）といった私たちの想像の及ばない領域へと発展していくことが予想されます。

こうした「イノベーションとしてのレコメンデーション」に対する考え方はレコメンデーション・エンジンの舞台裏にいる人々が抱える問いに深く染み込み，影響を与えています。私たちはこれまで，「人々はいかにより価値のあるイノベーションをつくり出せるか」という問いに挑んできましたが，この問いは現代において，「イノベーションはいかに価値ある人間をつくれるか」というものに変わってきているのです。

この違いは些《さ》細《さい》ではありますが，奥深いものです。イノベーションの重要性は，アウトプットとしての意味から人的資源や人の能力への投資という意味へと移り変わっています。このことが，レコメンデーションやレコメンデーション・エンジンをより価値の高い人材をつくるための媒体，メカニズム，プラットフォームへと変えていくのです。しかし，ここで注意したいのは，「より価値が高い」という意味は，「より生産性が高い」とか「より効率的である」ということではありません。これについては後章で詳しく説明しますが，消費者，プロデューサー，クリエイター，協力者，同僚，友人，恋人，親など，人々をそれぞれの立場で自分や周りの人間にとってより価値のあるものにするレコメンデーションの重要性は計り知れません。

本書は，以上のような主要なテーマと課題について，著者である私の視点から解説していく構成になっています。第1章では，レコメンデーション・エンジンとは何か，その特徴を定義・議論・解説し，Web 2.0ネットワークが効果をもつプラットフォームの発端となったレコメンデーション・エンジンのソーシャルおよび技術的アーキテクチャーや，レコメンデーション・エンジンが提起するポリシーや個人的なリスクを説明していきます。

第2章では，古代の予言者や占星術師から現代の自己啓発専門家，情報収集家に至るまで，歴史という文脈にレコメンデーションを当てはめていきます。時代や技術の移り変わりのなかで予言や予測，助言という社会技術の進化の歴史を把握することはレコメンデーション・エンジンの役割やルールを理解するうえで重要な鍵となります。この章では人類による優れた助言に対する探求の軌跡をたどっていきます。

第3章はレコメンデーション・エンジンというシステムの歴史を，その学術的な起源，商業用としての進化，数兆ドル規模にのぼる世界経済への影響度などから振り返っていきます。Netflixが主催したアルゴリズムの技術革新を募るコンペティションをはじめ，機械学習の急速な普及はレコメンデーション・システムの技術開発に影響を及ぼしています。実際に，この本を書いているこの瞬間にも，機械学習の進歩によりレコメンデーション・エンジンの能力は急進的に向上し続けています。

第4章ではレコメンデーション・エンジンの仕組みを解説します。暗黙的，明示的，側面的なデータを構造化し，アルゴリズムを使ってレコメンデーションへと変えるというメカニズムの課題を検証していきます。コンテンツベース手法，協調フィルタリング手法，およびこれらのハイブリッドによるレコメンデーション・エンジンの根底にある主要な数学的知識に加え，機械学習やディープラーニングのアルゴリズムが未来の豊富なデータに基づくレコメンデーション・エンジンをどのように進化させていくかについてもまとめていきます。

第5章はユーザー・エクスペリエンス（UX）という視点からのレコメンデーションを考えていきます。アルゴリズムが卓越しているというだけでは，レコメンデーションとして十分とはいえません。レコメンデーションは，はっきりと，見つけやすく，説明可能なかたちで提示される必要があります。たとえば1枚の絵は，1,000の文章にも匹敵する価値があります。また，行動経済学や選択アーキテクチャー，その他の研究分野がレコメンデーション・エンジンのデザインやデプロイメントに及ぼす影響力の高まりについても触れていきます。

第6章では，アルゴリズムとUXの解説を例示的にまとめた三つのケーススタディーを紹介します。スウェーデンのSpotify，中国のByteDance，アメリカのStitch Fixといういずれもイノベーティブで成長している企業の事例を通して，レコメンデーション・エンジンがいかに世界中のビジネスモデルや市場を根底からくつがえし，再定義しているかについて考察していきます。

最後の第7章では，締めくくりとしてレコメンデーション・エンジンが今後どのような展開を迎えるかについて終末期的および野心的な見解を示していきます。次世代レコメンデーション・エンジンは人々を「meat puppet」*2と化してしまうのでしょうか。あるいは人々に新たな自己に対する気づきや人間の可能性を大いに広げる力を与えていくのでしょうか。

鋭い読者の皆さんなら，本書のなかにそのタイトル「essential knowledge（必須知識）」*3にふさわしい下記の五つの相互に関連したテーマがあることに気づくでしょう。これらのテーマは個々に，かつ全体としても優れたレコメンデーション・エンジンの重要な組織化原理を表すものです。

- **助言**　結局のところ，レコメンデーションとは助言であり，レコメンデーション・エンジンは優れた助言を生み出すものです。レコメンデーション・エンジンが生成する助言は昨今ますます個別化が進んでいるうえ，それらは文脈に沿ってつくられ，特定のユーザーやグループに合わせてカスタマイズ

---

*2　インターネット上の議論に影響を与えるという目的のためだけにつくられたユーザー。
*3　MIT Pressから刊行されている書籍のシリーズ名。

されるようになっています。

形式も「文章」「画像・映像」「音声」「会話」「拡張現実・仮想現実」などのようにさまざまなかたちがあり，性能の高いレコメンデーション・エンジンは最も利用価値や使い勝手のよいかたちで助言を示すことができます。助言の未来はレコメンデーション・エンジンの未来であり，すなわち，レコメンデーション・エンジンの未来が助言の未来なのです。こうした流れは世界中に広がっていくでしょう。

- **認識**　扱うデータによっては，レコメンデーション・エンジンは「次に何をするか」を決めるうえでの選択肢や機会を検討するという，選択に対する状況認識をうながします。こうした認識が高まっていくと，それに対応するレコメンデーション・エンジンの重要性も増していきます。
- **評価**　レコメンデーション・エンジンのおすすめはどれくらいよくできているのでしょうか。ユーザーはレコメンデーション・エンジンの助言を受け入れているのでしょうか。受け入れている／いないとすれば，その理由は何でしょうか。助言は確実に望ましい結果につながっているのでしょうか。客観的・主観的に見て，ユーザーはレコメンデーション・エンジンを効果的で心強いものと感じているのでしょうか。もしくは「期待外れ」「可もなく不可もなく」と思っているのでしょうか。レコメンデーション・エンジンの助言の精度を見きわめる最適な評価方法にはどのようなものがあるのでしょうか。AmazonやSpotifyが提案するおすすめと，医療や職能開発のアドバイスとでは,評価基準がまったく異なります。おすすめの「関連性」はどのように定義・決定されているのでしょうか。レコメンデーション・エンジンがより私たちにとって身近になり，その性能が向上するにしたがって，より効果的な評価ツールが必要になってきます。

- **アカウンタビリティー（説明責任）**　優れた，または意図的なアドバイスに対する責任は誰にあるのでしょうか。よいレコメンデーション・エンジンによって悪い結果になった場合，それはレコメンデーション・エンジンのせいなのでしょうか。逆に，よい助言を拒むことは，制裁や処罰されるべき行為なのでしょうか。ここでもまた，レコメンデーション・エンジンの普及やその推奨情報の個別化，説得力の向上が進むにつれて，その説明責任がますます問われてくるようになります。
- **行為主体性**　行為主体性とは，個人の独立した行動や選択がもたらす影響力やその実行能力を指します。レコメンデーション・エンジンの知能や性能が上がり，個人や社会の行動を理解できるようになってくるということは，世界中の人々の行為主体性が強まっていくことを意味します。個人のアイデンティティーがその人の家族，友人，教育，文化，消費パターンでかたちづくられているように，レコメンデーション・エンジンは未来の行為主体力の創出を一層後押ししています。

これら五つのテーマの未来を別のかたちでまとめ，つなぎ合わせると，ある言葉が見えてきます。それは「自己の未来」です。レコメンデーション・エンジンは今後も自己の認識や発見，知識を変容させていくでしょう。このことは，よくも悪くも，巨大な機会と脅威を表します。最終章ではこの点について追究していきます。そうした未来像を考えていくことは，どんな技術的な説明よりも，レコメンデーション・エンジンの「必須知識」のより深い理解につながります。

包み隠さずに言うと，実はこの本を書くにあたり最も悩んだ点は，レコメンデーション・エンジンという巨大なテーマをどれだけコンパクトにまとめるかというよりも，読者にとって最も適切で役に立つ本にするために，どこまで落とし込んだ内容を書けばよいかを決めるという部分でした。言うなれば，本書が完成するまでの間にも，機械学習は便利なアルゴリズム技術の組み合わせから，レコメンデーション・エンジンの設計や開発における有力なプラットフォームへと進化しています。しかし，だからといって本書は，自動車の本が必ずしもガソリン車と電気自動車との違いの重要性を語るものではないように，ニューラルネットやディープラーニングのアルゴリズムに関する本ではないし，そうであってはなりません。

私は本書を通じ，読者の皆さんに単にレコメンデーション・

エンジンの基盤となっている技術を知ってもらいたいのではなく，そうした技術のどんな側面がこれほどまでに影響力があり，効果的なレコメンデーション・エンジンをつくり出しているのかということを十分に理解してもらいたいと思っています。レコメンデーションの技術を深掘りした本はほかにも山ほどあります。ですが，この本に課せられたミッションは，レコメンデーション・エンジンによって築かれたバリューチェーンが，いかに世界中に暮らす何十億という人々に，気づきや発見，満足を与えているかということについて，わかりやすく解説することなのです。読者の方々に，レコメンデーション技術やビジネス市場を超えた基本的概念，レコメンデーション・エンジンを使った革新的な事例を紹介していくこと。そして，かつての私が経験したように，レコメンデーション・エンジンという分野の創造性，多様性，機会を訴えていくこと。これこそが，私がこの本に込めた願いです。ウィンストン・チャーチルの言葉を借りれば，今はレコメンデーション・エンジンというイノベーションの時代の終わりの始まりではありません。おそらく，始まりの終わりなのです。

第1章

レコメンデーション・エンジンとは何か

ツールや技術，デジタルプラットフォームであるレコメンデーション・エンジンは，その言葉の意味するところよりもはるかに面白く，重要です。レコメンデーション・エンジンの巨大な広がりや種類，そして私たちの日常生活に与える影響は，狭いテクニカルな定義でくくられるべきものではありません。

近年，世界中でより多くの人々がレコメンデーション・エンジンによるよりよい助言や情報，励ましを信頼し，さらには依存さえしています。レコメンデーション・エンジンは，個人が人生をより充実させるための時間やお金，労力の使い方に，多大な影響を及ぼしているのです。AlibabaやNetflix，Spotify，Amazon，Googleのようなグローバル企業がレコメンデーション・エンジンに多額の投資をしているのはそのためです。

本章で解説していきますが，レコメンデーション・エンジンはユーザーの未来の形成と予測を同時に行っているものです。

ウィキペディアの定義によると，レコメンデーション・エンジン（プラットフォーム，システム）は「情報フィルタリングシステムの下位に分類される手法で，特定のユーザーのアイテムに対する“評価”や“好み”を予測するもの」となっています。

一方，『レコメンデーション・システムの手引き』は，レコメンデーション・システムについて，「ユーザーにすすめられるアイテムを提案するソフトウェアおよび技術。＜中略＞最もシンプルな形式は，推奨されるアイテムがランキング表示されたリスト形式で掲示されるというもの。こうしたランキングリストをつくる過程で，レコメンデーション・システムはユーザーの好みや制約に基づいて最もふさわしい製品やサービスを予測している」と紹介しています。

さらに，あるスウェーデンの論文では，「レコメンデーション・システムとは，ユーザーの好みに合わせて関連する情報を自動的に選択するシステムである。このシステムで解決できる課題は多々あるが，＜中略＞最も一般的なものは＜中略＞ユーザーが使ったことのないアイテムについて，そのユーザーがどの程度気に入るか（あるいは気に入らないか）を予測することである」という記述があります。

こうした説明は，レコメンデーション・エンジンの実用性と基盤となるアルゴリズムの要素を表しています。そして，このシステムの肝となる機能である「個人の好みを数学的に予測する」という部分に着目したものです。

「突き詰めていくとレコメンデーション・システムはただの

レコメンデーション・システムの
肝となる機能とは，個人の好みを
数学的に予測することです。

“似たものハンター”なのです」。Microsoftの研究者アミット・シャルマはQ&AサイトQuoraでレコメンデーション・エンジンをこう呼びました。

この表現はレコメンデーション・エンジンの複雑な仕組みとは裏腹に，シンプルで的確です。アルゴリズムの技術を応用して物事の類似する部分を探し出す機能こそ，未来を予測，提案するきわめて頑健なプラットフォームをつくりだしているものなのです。

さらにシャルマは，「二つのアイテム（あるいは人，集団）の間での類似性をどのように定義するかによって，いろいろな（レコメンデーションの）アプリケーションを開発できる」としています。

類似性の定義の例

・購買：Xを買った人はYも買った。
・体験：Xを読んだ／見た／楽しんだ人はYも楽しんだ。
・場所：Xという場所／レストラン／ホテルに行ったことがある人はYにも行っている。
・ウェブサイト：このサイトを見ている人はYも見ている。
・教育：Xについて知っている／取り組んだ／学習したことがある人はYも学んでいる。
・採用：自社の従業員と似たようなスキルがある人。
・レシピ：Xをつくった人はYもつくっている。

- 文脈：気分がＸの人がＺのときに普段よりもＹをする。
- 金融：投資に成功しているＸ人が買った株。
- 人気度：直近の１時間／１週間／１年間／イベントなどで人気のあったアイテム。
- プロモーション：プロモーションＸに反応した人にプロモーションＹを提案する。
- 社会：世間／友達の間でＹというアイテムが話題になっている。
- 健康：健康な人はほかの人よりもＹを多く行っている。
- 薬：Ｘという特性のある人はＹという薬の効果がより高い。

「あなたのような人（People like you）」といった単純な類似性は，レコメンデーション・エンジンが関連していると認識または分類しているさまざまな情報や属性，思考に基づいて検出することができます。こうした「類似性」がユーザーに適した（関連）情報の予測を可能にしているのです。

「ユーザーに適した（関連）情報」は競争を生み出します。スプーンを例にとると，違う種類のスプーンに加えて，ナイフ，フォークなど，ほかの望ましい選択肢が登場するといったようなことです。しかし多面的な「似たもの探し」は，単にコンピューターを使った推奨情報を得るための手法やメカニズムにすぎません。レコメンデーションの究極の目的とゴールは，特定のユーザーにとって明らかに「よい」レコメンデーションを提案することにあるのです。

本書のテーマに関連していうと，レコメンデーション・エンジンは主に次の四つの面でユーザーの手助けをしています（なお，これらは重なり合っている可能性があります）。その四つとは，「次に何をできるか，あるいは，すべきかの意思決定の支援」「文脈に沿った関連する選択肢の検討」「関連する選択肢同士の比較」，そしてきわめて重要である「ユーザー自身ではおそらく想像できなかったオプションや機会の発見」です。こうした手助けが一つになることで，レコメンデーション・エンジンはユーザーにとっても，開発者にとってもたまらなく魅力的なものになっているのです。

この本では，レコメンデーションの効果を大幅に高めるために，計算的手法によりマトリックス化された，機械学習を用いたデータとアルゴリズムの融合について解説・議論しています。このことから，レコメンデーション・エンジンは，これまでにまだ述べられていないある言葉を中心に展開，あるいは発展していることがわかります。その言葉とは，「選択」です。結局，レコメンデーション・エンジンとは，選ぶ自由が広がるということに尽きます。レコメンデーション・エンジンの未来はこうした選択の未来。そしてそれは，レコメンデーション・エンジンの未来のなかにあるのかもしれません。

結局，
レコメンデーション・エンジンとは，
選ぶ自由が広がるということに
尽きます。

レコメンデーション・システムはなぜ重要なのか

それは，これまでにないほど多くの人々が，これまでにないほどさまざまな分野における，これまでにない数の機会のなかで,これまでにないほどの選択肢をもつようになったからです。たとえばAmazon Prime Videoには2万件の映画・ビデオがあり，YouTubeには毎分500時間の動画がアップロードされ，Instagramでは毎日5,000万点の写真が共有され，Amazonでは300万冊の本が販売され，Spotifyでは2,000万曲がダウンロード可能だからです。そして質・量ともに豊かになっていく世界で，人々の時間が減り，深く検討したうえで意思決定を行うという意識が薄くなっているからです。

さらに，多くの人々がよりよい助言や提案，推奨を求めていることに気づき始め，よりよい選択をするためのレコメンデーションが高性能のデバイスによってつくり出されているという実態を今までにも増して受け入れ始めています。これも，レコメンデーション・エンジンの重要性が高まっていることの背景の一つです。レコメンデーション・エンジンは人々の選択方法を変えているのです。

蒸気機関車が産業革命を起こしたように，レコメンデーション・エンジンもアルゴリズムの時代において物事に対する見識や影響力を塗り替えました。今や選択のあるところに，レコメンデーション・エンジンありです。優れたレコメンデーション・エンジンは必ずといってよいほど優れた選択をうながします。

蒸気は機械を動かし，レコメンデーション・エンジンは人々を動かします。それぞれに時代の原動力となって，仕事のやり方を変えたのです。

Amazon，Alibaba，Google，Netflixが単なる物を売る商売をしているわけではないという理由はそこにあります。彼らは人々の行動主体性の実現手段なのです。多くの巨大ネット企業は自社プラットフォームを通じ，ユーザーの一人ひとりに向けて，アドバイスや個別化された選択肢を瞬時に提供します。そのアルゴリズムは，ユーザーがすぐにでも検討できるような提案をデータに基づいて導き出し，絶え間なく出されるおすすめ情報は確かな好奇心を喚起します。彼らのレコメンデーション・エンジンは「あなたのような人」，そして特に「あなた」自身が欲しいと思うものや必要としているものを文字通り，数値的および定量的に予測しているのです。こうした説得力のある価値提案が，世界中で起こっているデジタルな交流のなかに浸透していきました。

その効果は言うまでもありません。今や動画や本，音楽，ビデオゲーム，投資，友達，服，食事，レストラン，ワイン，旅行，ニュース，フィットネス，結婚相手，買い物，車，運転ルート，ソフトウェア，プレゼンテーションスライド，Eメール，習い事，美術品，ベビーシッター，便利屋，人事，写真，学術論文，ギフト，イベント，広告，住みたい街，求人，ガーデニング用の種，薬など，あらゆるものがレコメンデーション・エンジンの影響を受け，これらが積み重なって，人々が実際に具体的にどのように暮らすかを左右しているのです。

ベンガルール（旧バンガロール）からボストン，北京，ベルリン，ボゴタに至るまで，モバイルデバイスがつながる場所ならどこでも，レコメンデーション・エンジンはデジタルな方法で私たちの注目を集め，助言を行い，私たちがより多くの情報に基づいた意思決定をできるようにうながしています。買い物やビジネス，消費行動は，こうしたレコメンデーション・エンジンの威力の高まりを象徴するわかりやすい事例の一端でしかありません。

「レコメンダー・システム（レコメンデーション・エンジン）はAlibaba, eBay, Google, Baidu, YouTubeなど，eコマースのウェブサイトやインデックスサービスの成功の鍵を握る」。中国最大のECサイトJD.comに所属するデータ・サイエンティストのグループは，次世代レコメンデーション・エンジンに関する学術論文で，こう考察を述べています。レコメンデーション・エンジンの欠如は，ビジネスの業績悪化を招くといってもほぼ間違いではありません。市場調査でも世界中で顧客や潜在顧客が自分のためにカスタマイズされた選択を望み，それに基づき意思決定をしているということが示唆されています。人々は選択することを選ぶ。それは市場の成熟度に関係なく，どこでも言えることです。

2019年に行われたある調査によると，世界のECビジネスに占める個別化された製品レコメンデーション・サービスの割合は約31%だったそうです。また，米国の顧客管理システム提供会社Salesforceによる調査では，インターネットで頻繁に買い物をする人はカートに商品を入れたあと，購入を確定する確率が（普段インターネットで買い物をしない人に比べて）4.5倍も高いことがわかっています。これらは決して小さい数字ではありません。

Netflixユーザーが見ている75%のコンテンツは，個人別商品推奨によるものです（同社調べ。さらに同社は新規配信やサービスに対するオリジナルなプログラミングの選定にもレコメンデーション・エンジンのデータを活用）。また，ある独立した機関の調査では，Amazonの売上におけるレコメンデーション・エンジンの直接的または間接的な売上の割合は，同社全体の売上高のおよそ1/3にのぼることを強く示すデータが得られています。一方，ノルウェーのアウトドア・ファッション・ブランド，ハリー・ハンセンは，レコメンデーション機能と天気予報を組み合わせる手法により（例：「ドイツで雲行きが怪しくなったときに，同国の顧客向けサイトでレインウェアを提案する」など），ほどなくしてオンラインショッピングサイトにおけるコンバージョン率が，定期的にオンラインショッピングをするユーザーの間で170%，新規ユーザーでも50%以上の上昇を達成しました。

さらにAlibabaでは，これを超えるレコメンデーションの効果が報告されています。中国最大のECプラットフォームである同社は，機械学習を活用したレコメンデーション・システムにより，流通取引総額（GMV）が2015年第1四半期から2016年第1四半期の1年間で3倍に激増したことを明かしています。Alibabaの2016年のGMVは5,000億ドル超であったことを考えれば，レコメンデーション・エンジンの効果がいかに絶大であったか想像できるでしょう。

おそらくAlibabaの創業者ジャック・マーは，Amazonのジェフ・ベゾス以上に同社の技術やユーザー・エクスペリエンス（UX）においてレコメンデーション・エンジンに注力していたのではないでしょうか。レコメンデーションは基本的な「設計の原理」から，利益につながる「アドオン」的機能へと急速に進化しました。

現代のポスト工業化社会で事業を推進するデジタル企業では，人事や収益をレコメンデーション・エンジンに依存し，またレコメンデーション・エンジンがそうした人事や収益の基軸になっているのです。ベゾス本人もAmazonの創業初期の頃，「インターネット上に200万人の顧客がいるならば，店も200万軒必要だ」と発言していました。レコメンデーション・エンジンのシステムはAmazonのような「大規模な個別化」を，技術的にも経済的にも可能にしました。彼らは規模の拡大に合わせて，個別化も拡大させているのです。

ビジネス効率を上げるために，それよりもっと大きな意味を

レコメンデーション・エンジンの
システムはAmazonのような
「大規模な個別化」を
技術的・経済的に可能にしました。

もつ個人や社会，あるいは世界の潜在ニーズがないがしろにされてもよいということはありません。この点において，アルゴリズムを使ったレコメンデーション機能は常識を覆しました。実際に，今では地球上の至るところで，人々は自分用にカスタマイズされたレコメンデーションを期待し，それを受けるように訓練されています。データによって関連商品や上位モデルを見つけたり，偶然の発見をしたりすることはごく当たり前のことになり，デバイス上にリアルタイムで表示されるレコメンデーションは，デバイスが気まぐれにときどき出してくるものではなく，人々の日常の至るところに存在するようになりました。そして便利な機能と即時的なニーズを交差させながら，私たちの現実世界において行動のすみずみに入り込んでいるのです。

ショッピングやメール，旅行にSNS。人々は何かをしているとき，「どのレストランに行けばよいか」「どの画像をシェアすればよいか」「誰とつながればよいか」「どの道を通っていくか」をデバイスがおすすめしてくれることを期待しています。画面タッチ，検索ワードを入力，スワイプ，または話しかけるだけで，デバイスがおすすめを瞬時に表示してくれるはず。もしそうでなければ，システムのどこかが壊れているに違いない。人々はそう思い込んでいます。大雑把な言い方ですが，友人や家族，同僚とのチャットは時間の無駄になるかもしれませんが，データ・ドリブンのレコメンデーション・エンジンなら頼りになります。なぜなら，レコメンデーション・エンジンは瞬時に適切な選択肢を提案するようにつくられているのですから。

人々の行動基準や期待値も少しずつ変化しています。本当に優れたレコメンデーション・システムは物やサービスの売買を超越し，人の好奇心や探求心をかき立てます。それは情緒的なものでありながら，影響力を及ぼします。つまり，よくできたレコメンデーション・エンジンは，人々を自分の選択に満足できるよう手助けできなければならないということです。

Netflixで一気見したい番組やSpotifyで聴きたいプレイリストを選ぶのは，家族にごちそうをふるまうために腕利きのシェフに料理を注文することとそれほど違うことではありません。もちろん，そこには取引が発生しますが，本当に起こっているのは幾多の小さな決断です。人々は豊富なデータに裏づけされたアルゴリズムの組み合わせが生成するおすすめ情報を頼りに，快く提案を受け入れたり，楽しい驚きを見つけたりしているのです。

疑り深い人やひねくれた人は否定するでしょうが，レコメンデーション・システムの大きな目的は販売促進というより，信頼を築くということなのかもしれません。ハーマン，オドノバンらは，その論文で「推奨に対して築かれる人々の信頼がレコメンデーション・システムの成功の鍵を握る」と指摘しています。信頼は高い価値があります。博識な人や専門家の頼りになる情報は，誰もが望み，期待するものです。信頼はリスクの少ない意思決定を導き，レコメンデーションはまだ知らない選択肢の探求をうながします。そして信頼は新たなバリューチェーンの創造につながるのです。

たとえば，ある作家の無名の小説をすすめるAmazonのリンク。さっと一部を斜め読みすると，ページの下にまた別の本の紹介がある。そんな偶然から見つけた本は本当の掘り出し物だったりします。またある時には，YouTube動画を見ていたら現れた，イギリスのイーリング・スタジオのクラシックなコメディ映画のサムネイル。それを見たことがきっかけで，Netflixを見てみようと思い立ち，その結果，ブラックユーモアのお宝番組を発見。またあるときには，Spotifyで聴いたあの歌が頭から離れず，ついついGoogleで誰が作曲したのかを検索し，たまたま見つけたヘビーメタルバンドの曲がお気に入りの1曲になり，ついでにそのバンドの曲が使われたテレビのカルト番組まで見てしまったという話まであります。ほかにも，「ResearchGateでレコメンド（おすすめ）された，論文の後進の共著者の名前をクリックした先のSlideShareのスライドが画像つきで内容がよく，パッとコピペ編集してクライアントの営業資料に（出典を入れて）使った」などということも聞きます。

こうした面白い事例を見ると，レコメンデーション・エンジンがセレンディピティー（偶然の巡り合わせ）の入り口の役割を果たしていることがわかります。レコメンデーション・エンジンは自己発見の出発点になっています。GoogleやBing，

Baiduの検索のように，レコメンデーション・エンジンはユーザーが本当に探しているものや，既存の選択肢のなかでのベストな選択肢を明らかにするのです。

いずれにせよ，レコメンデーション・エンジンの究極的な効果や影響は，ユーザーの好みや有用性を格付けするといった技術的な領域をはるかに超えています。「レコメンデーションのカスケード（連鎖）」は新たな常識や体験をつくるのです。常識が変われば，意識も変わります。

セレンディピティーは幸せな偶然かもしれませんが，レコメンデーション・エンジンによって人と人の間に生まれる巡り合わせは偶然ではありません。たとえば，TwitterやInstagramで，Amazonで見つけた本の著者の情報を簡単に共有してみたり，あるテレビの番組について「雨の土曜の午後に3時間一気見。これってアリ？　なし？」と友達に質問してみたり。あるいは，ある人のLinkedInプロフィールが社内チャットシステムに共有されて，重要プロジェクトの担当者に採用するかという話に発展したり。これらはすべて，レコメンデーション・エンジンによってうながされた出合いなのです。

もう一段階上のレベルでお話しすると，レコメンデーション・システムはユーザーの友達や同僚のうち誰がそのユーザーの推奨を受け取り，検討すべきかを提案することができます。推奨している事柄について，推奨相手とどんなことを話せばよいかということまで提案してくれるのです。友達のうち全員がおすすめのレストランや映画を知りたがっているわけではないでしょうし，人よりもプレゼン資料や論文を評価するのが得意だという友達もいるでしょう。しかしソーシャルメディアでおすすめ情報を共有すれば，「ああ，なんであの映画がおすすめに表示されるのかわかるよ。でもね，こっちのほうが絶対あなたが観たいものだと思うよ」といった具合に，親しみやすい方法で相手との個人的なつながりを深めていくことができるのです。

こうした「レコメンデーションに関するレコメンデーション」は人々にとって新たな行動基準や期待をつくり出します。大抵の人々は，特定のおすすめ情報を選ばれた誰かと共有する自由があるという事実や，それを行使することを楽しんでいます。「このレストラン／映画／曲／ニュース／旅行のおすすめ情報はXにシェアしないと」というのは，Microsoftのアミット・シャルマが「似た者ハンター」と呼ぶレコメンデーション・エンジンの機能のなかで急速に成長している部分です。繰り返しになりますが，レコメンデーション・エンジンは最も関連性の高い「似た者」を捕えようとするハンターの助っ人なのです。

だから，レコメンデーション・エンジンは，単にユーザーにとって望ましい物や人物を選び提案する以上のことをしています。時間と環境はレコメンデーション・エンジンのユーザーをより知識豊富で違いのわかる消費者に育て上げていきます。よいレコメンデーション・エンジンや推奨情報はユーザーを教育し，訓練しているといっても過言ではありません。ビジネスでも企業文化の面でも，レコメンデーション・エンジンは「革新的な企業は賢い顧客を求め，大切にする」ということを世の中に伝えようとしているのです。

そうした革新的な企業の狙いは，「賢い顧客は優良な顧客になる」という考えです。なぜなら，長期にわたり事業を推進する企業にとっては，より多くの情報を得たうえで意思決定をしている消費者，すなわち，自社に厚い信頼を寄せてくれている消費者は，あまりこだわりのない消費者に比べて，平均的に顧客生涯価値（CLV）が高いとされているからです。Amazon，Booking.com，Facebook，Airbnb，Yelp，Netflixといった企業はこうした経験に基づくインサイトをより深く理解し，そこから非常に多くの利益を得ています。

企業から大切にされている顧客もまた，よい顧客となる素質をもっています。行動経済学研究やマーケティングの概念では，企業は顧客が自分の選んだ映画，服，本，旅行先，レストランなどについて，その満足度を表現することを求めているとされています。そうした企業の顧客満足やNPS（ネット・プロモーター・スコア）はほかの企業に比べて高く，口コミやソーシャルメディアの影響力が大きく出ているのです。Amazonの登場以前に活躍したあるアメリカのアパレル小売店の有名なテレビCMのキャッチコピーのように，「知識をもつ消費者は最高の顧客」になります。そして，顧客や顧客価値を大きく改善しないレコメンデーション・エンジンは，ほかのレコメンデーション・エンジンよりも機能が劣るということになります。

そこでは，「コンピューターが計算するレコメンデーションは，企業や顧客が感じる（または考える）最善の利益を反映しているのか」という利害の相反が避けられません。のちほど詳しく触れますが，こうした利益相反への対処は，技術的な問題というよりも企業価値の問題です。選択肢に関する知識を与えることによりユーザーの能力を高めることと，アルゴリズムを使ってユーザーを最大限利用し利益を得ることとは同じではありません。一方で，顧客をより賢くすることは，事業者側にとってもよい顧客をつくることにつながります。

ですが，顧客に知識を供与することで消費を促進するというレコメンデーション・エンジンの機能は所詮，ミクロ経済学上の方程式の一面でしかありません。レコメンデーション・エンジンはしかしながら，消費の促進と同時に付加価値の生産をも可能にします。プラットフォームや開発者により多くの知識を与え，それらをより眼識があるものにし，効果的にするのです。実際に，Facebook，Alibaba，Amazon，Airbnb，LinkedIn，Tencentといった企業は，レコメンデーション・エンジンのデータを顧客のセグメント化や顧客対応の向上に使っている顕著な例です。

Netflixの『ハウス・オブ・カード　野望の階段』は初公開をネット配信で行った初のテレビ番組として有名ですが，その企画から制作，キャスティングに至るまでレコメンデーション・

データに大きく依存していました。同様に音楽配信サービスのSpotify やPandoraも，新人アーティストの発掘にプレイリストのレコメンデーション・システムを活用したとされています。もちろんAmazonにおいても，レコメンデーション・エンジンのデータが製品の供給やパッケージ化に役立てられています。レコメンデーション・エンジンは，こうしたネット企業が分析・予測に応用している巨大なペタバイトのデータプールのほんの一角をなしているにすぎません。

しかしレコメンデーション・エンジンは，パーソナルな生産性とともに企業的な生産性も創出します。世界中の企業のマーケティングおよび営業担当者は，キャンペーンの企画や売上目標の策定にレコメンデーション・システムを活用しています。その一つ，イスラエルのスタートアップ企業であるSales Predict（2012年に創業し，4年後にeBayが買収）は企業の営業部門向けの，よりポテンシャルの高い潜在顧客や見込み客を提案する分析ツールを開発しました。開発後すぐに，同社は，部外者からの意見を嫌うクライアントの営業担当者のほとんどがデータに基づいた提案であれば受け入れるということを知りました。

Sales Predict共同創設者兼CEOのヤロン・サキアオルは当時を振り返り，「クライアントの営業担当者のなかには“レコメンデーション”という言葉の響きに違和感を覚えていた人がいたし，自分たちもAmazonのように思われたくなかった。

でも実際には，その方向でいくことを選んだのです」と語っています。

また彼は仕事をしていくなかで，営業成績のよいトップ営業社員と，一般的・平均的な営業社員とでは異なるレコメンデーションや説得材料が必要であることに気づきました。言い換えれば，“トップ営業社員におすすめ”の営業先やツールは，“普通の営業社員におすすめ”の営業先やツールとは違うということです。

IBMやSalesforceなどの企業ではこうした営業活動用のレコメンデーション・システムの自社内活用に加え，開発したシステムの社外への販売も行っています。それらは近年進展しているワークプレイス・アナリティクス（組織内生産性分析）と呼ばれる職場マネジメントの一種で，元Google人事部門トップでHumu創設者のラズロ・ボックは著書『ワーク・ルールズ！君の生き方とリーダーシップを変える』（邦訳：2015年，東洋経済新報社）でワークプレイス・アナリティクスについて詳細に解説しています。同書では，Googleにおいてデータに基づく分析システムを応用し，管理職やプログラマー，組織のパフォーマンスを改善した事例が紹介されています。

しかし，こうしたワークプレイス・アナリティクスを，個人や職場の生産性を上げるためにパッケージ化・商品化する最もよい方法は何でしょうか。スプレッドシート，ダッシュボード，データの動的可視化にも限界があります。そんななかで，「これをしたほうがよいです」「あなたのようなマネージャーにこんな次のステップはいかがですか」のような説得力のあるレコメンデーションに勝るソリューションはほかにあるでしょうか。

ワークプレイス・アナリティクスのシステムの多くは，アルゴリズムを用いて「最良」「最適」「標準」といった回答を明確に算出するというものですが，一方で，レコメンデーション・エンジンの能力（およびその能力が人に与える影響）を応用したワークプレイス・アナリティクスのシステムもあります。こうしたシステムは，豊富なデータに基づき，文脈上適切で，アルゴリズムによって評価が格付けされた選択肢を経営幹部や従業員に対し提案します。コンピューターが操作しているわけではなく，あくまでもアドバイスをしているのです。このように，レコメンデーション・エンジンは職場の管理には大いに向いているといえるでしょう。

この重要な点において，レコメンデーション・エンジンは人的資本における投資であり，またそう認識されるべき存在です。つまり，レコメンデーション・エンジンは経済学でいう「企業の知的資本（コンピテンシー，知識，技術）の集合的価値」に対する投資なのです。知的資本は絶え間なく再生できる創造力やイノベーション創出力の資源になります。

教育や研修，実習プログラムのように，レコメンデーション・エンジンは人々の価値を向上させる現実世界の知識やアドバイスを積極的に付与します。技術面および経済的な面においても，レコメンデーション・エンジンは企業・消費者の両方にとっての優れた人的資源投資であること証明しています。そしてレコメンデーション・エンジンが進化を遂げていくと同時に，そこから創出される人的資本への貢献も大きくなっていくのです。

レコメンデーション・エンジン研究の先駆けであるジョナサン・ハーロッカーは，レコメンデーション・エンジンがユーザーに提供できるタスクを11種類に集約しています。これらは人的資本を強化・増大させる新たなテクノロジーの可能性を象徴しています。

レコメンデーション・エンジンがユーザーに提供できるタスク	具体的な提供イメージ
複数のアイテムから条件に合う，いくつかのアイテムを抽出する	ユーザーの条件に合ったアイテムを，ランキング表示したおすすめリスト。
条件に合うアイテムを全部抽出する	全種類のアイテムのデータベースから，ユーザーが設定したすべての条件に合うアイテムを全部抽出したリスト。
テキストのラベル付け	現時点での文脈や，ユーザーの長期にわたる好みによる選択の履歴に基づき，推奨されるアイテムのリスト（例：ユーザーが長年視聴しているテレビ番組の情報に基づき，あるチャンネルのあるテレビ番組シリーズをすすめる）。
シーケンス（順序）の提案	前の購買に依存して，続けて購入などをすると，ユーザーにとって興味深く，または役に立つと思われるアイテムのリスト。

同時購入商品の提案	ユーザーの目的のために，一緒に購入などをするとよい，関連アイテムのリスト（例：カメラの購入と同時に，メモリーカードやケース，レンズの購入を提案）。
ページの閲覧	目立った目的なくページを閲覧したいだけのユーザーのために，特定のセッションのなかでユーザーが関心をもつ範囲のアイテムを提示。
推奨情報の信頼性の評価	アルゴリズムにより算出された推奨情報に懐疑的なユーザーのため，システムの内容をテストできるようにする仕組み。
ユーザー・プロフィールの改善	ユーザーの好き嫌いから，一般的で明確な嗜好情報を導き出す。
自己表現	自分へのレコメンデーションには興味がないが，特定のアイテムに対して自分の意見や考えを表現することを重視するユーザーのためにコメント機能を提供。本機能により，ユーザーの入力した知見を収集することができるとともに，コメントをしたことにより得られる満足感が関連するアイテムの購入の動機付けとなる。
ほかのユーザーの手助け	上記のようなユーザーには，コミュニティーの役に立ちたいという理由から，さらに長いレビューを書き，評価点をつけたいという人もいる。
ほかのユーザーの感化	ある特定のユーザーはほかのユーザーに対して特に大きな影響力をもち，彼らの購買の意思決定を左右する。悪質なユーザーもこのカテゴリに入ることがある。

これらは個別，または組み合わさることによって，ユーザーの絶大な能力や選択の自由を養っていきます。Khan Academy,

Udemy，General Assemblyなどのオンライン学習プログラムのように，レコメンデーション・エンジンは人的資本の育成という精神を象徴しているのです。日々進化を続ける機械学習やヒューマン・インターフェース・デザインは，将来的にハーロッカーの提唱したレコメンデーション・エンジンの11のタスクをはるかに超える価値を提案していくことでしょう。

豊富なデータに基づくレコメンデーションと，レコメンデーションの豊富なデータ

レコメンデーション・エンジンの信頼性は扱うデータの量が多いほど上がります。世界におけるデータセットの指数関数的で組み合せ的な爆発的増加は，レコメンデーション・エンジンに直接的な利益をもたらします。正確に推定することは難しいですが，IBMが実施したある調査では，世界で１日にアウトプットされているデータは２兆5,000万バイトであるとされています。アメリカだけでもインターネット上で毎分265万7,700ギガバイトのデータがつくられているそうです。目がまわりそうですね。

また，あるマーケティング調査会社は，１分間あたりの電子メール送信件数が2016年から2017年にかけて３倍に増加し，合計1,550万件超になったと報告しています。さらに毎分ごとにSpotifyには13曲が追加され，YouTubeでは420万の動画が再生され，Weather Channelの天気予報には1,800万人が

アクセスし，Instagramには4万6,700枚の写真が投稿され，Googleでは360万件の検索が行われています。今後これらの数字が減少するなんて，誰が思うでしょうか。

こうした膨大なデータフローのほんのひとかけらでもあれば，レコメンデーション・エンジンを動かすことは可能です。しかし，実はその膨大なデータの小さな部分が，レコメンデーション・エンジンの有用性に強力な予測能力を与えているのです。平均的なインターネット・ユーザーは毎日0.5ギガバイトのデータを創出しているといわれていますが（そしてこの数は増え続けています），豊富なデータ量や速い通信速度は確実にレコメンデーション・エンジンの性能を向上させ，より信頼性の高い予測や推奨関連情報をリアルタイムで表示できるように進化させています。

「私たちは皆喜んで実験用のネズミになりましたよね」。これは，元Googleデータ・サイエンティストのリー・カイフー（李開復）がコロンビア大学のエンジニアリング大学院の学位授与式で述べた言葉です。「私たちが，買い物をする／検索する／Uberを利用する／テイクアウトの食事を注文する／Expediaで旅行するために，マウスをクリックしたり動かしたりするたびデータ・ポイントが追加される。それは信じられないほどに巨大なデータです」。

パーソナライゼーション（個別化）は人々がますます増え続けるデジタルな経験のなかで残していったデータの足跡，印，そして“排出物”による産物と副産物の両方なのです。何気ない“ただの暇つぶし”でさえ，多くを語ります。

「ですから，レコメンデーション・エンジンは，今まで存在しなかった，インターネットを介して人々が自ら自分にとって適切であるものとそうでないものに印をつけた（ラベリングされた）データの巨大な集まりなのです」。リーはそう学生たちに説明しました。「データの印付け（ラベリング）はコストがかかりますが，欠かすことのできない部分です。しかしGoogleがさまざまな技術を開発したことで，巨大なデータを安価に収集・保存できるようになりました。そうした新しい技術により，＜中略＞おびただしい量のデータを集めてラベリングしたうえで保管し，そのデータをより精巧なアルゴリズムと結びつけたのです」。

つまり，こうしたビッグデータとより精巧なアルゴリズムとのマリアージュ（融合）こそが，リアルタイムでアドバイスを提供するレコメンデーション・エンジンという技術革命を実現し，普及させている原点なのです。ハーバード大学教授のショシャナ・ズボフはこの巨大なデータ取引ビジネスの構造を「監視資本主義」と呼び，そのプライバシーや効力に関する倫理や文化的な懸念を訴えています。しかし前述のリーが指摘するデータとアルゴリズムのシナジーは，本質的には価値の好循環をうながすものです。データがアルゴリズムの有用性を高め，優れたアルゴリズムはデータの価値を高めます。このことは，まさにコンピューター関係の出版社の創業者で起業家のティム・オライリーが提唱した「Web 2.0」の精神の中心的な考えです。

> 真のWeb 2.0のアプリケーションは，利用者が増えるとともに改善されていくというものです。Googleは誰かがインターネットにリンクを貼ったり，検索したり，広告をクリックしたりするたびに賢くなっていく。情報がインプットされるたび瞬時に反応し，その経験がほかの誰かにとって役に立つようにする。Web 2.0の真髄は，集合知の活用であると私が訴える理由はそこにあります。

オライリーが2004年に提唱したWeb 2.0はデジタル時代のなかで長きにわたり重要視された考えであり，加えて，価値創造という言葉の概念そのものを再定義することとなりました。レコメンデーション・エンジンはWeb 2.0を象徴するプラットフォーム／サービス／体験になったのです。多くの人が使うことによって，さらによくなっていく。この傾向は世界的に見られ，特に中国のIT企業でうまく取り入れられています。Amazonのレコメンデーション・エンジンは利用者が増えるほど，Amazonやユーザーにとって役に立つものとなります。同じことがFacebook，Alibaba，Tencent，Netflix，YouTube，Pinterest，LinkedIn，Match.com，eHarmony，Spotify，

Quora，GitHubにもいえるのです。

このように，成功しているすべてのWeb 2.0のアプリケーションになるべくして誕生した発明は，レコメンデーション・エンジンのもつ強みを利用し，そこから利益を得ています。

これこそが集合知の活用がもたらす力と可能性です。成功しているレコメンデーション・エンジンは個人的な作用をよりよくし，よりよい選択をするために集合知を活用しています。現に，検索エンジンとレコメンデーション・エンジンとの定義の違いは，データを使い個別化された情報をほかのユーザーと共有しているか否かにあります。たとえばGoogleを個別化することで，Googleの検索エンジンは事実上レコメンデーション・エンジンにもなります。やがてデジタルの世界における検索機能とレコメンデーション機能の境はなくなっていくかもしれません。

オライリーはまた，Web 2.0の理想の姿について「Web 2.0の世界は私たちが知識や知見を共有し，互いのためにニュースを選別し，曖昧な事実を明らかにし，相互により賢く，より反応し合うようになる世界です。私たちは世界に機会を与えることで，世界を一つのレスポンシブ（応答性のよい）で巨大な生命体のような存在にすることができるのです」と表現しています。

Amazonのレコメンデーション・エンジンの開発に携わったグレッグ・リンデンもこの考えに賛同しています。彼は「インターネット上の巨大なコミュニティーのなかで知見や情報を基盤に成長していくという考え方は素晴らしいと思います。Web 2.0のアプリケーションは，ユーザーの行動から学習したニーズに基づき自動的に学習・適用・改善できるというのがよいと思います。Web 2.0のアプリケーションは利用する人が増えるほど，どんどんよくなっていくのです」と述べています。

しかし，Web 2.0は万能薬ではありません。使い過ぎや依存は欠点を招きます。ほかのデータ集積ツール同様，レコメンデーション・エンジンは情報操作や不正行為，乱用を誘引しやすく，またこれらに脆弱《ぜいじゃく》であるという特性があります。加えて技術的な懸念や課題，ほかにも，社会に有害であるとみなされるような情報を許容したり，さらには奨励したりしてしまうリスクもあります。

たとえばインターネット活動家のイーライ・パリザーは，レコメンデーション・エンジンにより出現した「フィルターに囲まれた世界」について警鐘を鳴らしています。彼は，優れたアルゴリズムによる個別化情報は「アイデアや情報を発見する方法を根本的に変える僕ら一人ひとりのためのユニークな情報空間」という便利な機能となるよりも，その害のほうが大きいと分析しています。パリザーの主張する「フィルターに囲まれた世界」においては，ユーザーが対立的・否定的な立場や異論にさらされることを制限してしまいます。パリザーや彼の支持者たちはそうした制限が知性の孤立や悪質な政治的および社会的分断を引き起こすと指摘しています。

しかしながら，これらはレコメンデーション・エンジンが成功しているからこその問題でもあります。レコメンデーション・エンジンの成功は，まっとうすることが難しい，あるいは今後ますます議論の的となるであろう，新たな社会的要望や責任をつくり出します。それでもなお，世界中で進むレコメンデーション・エンジンの技術革新および開発，そしてレコメンデーション・エンジンを使った創造的な取り組みには，圧倒させられざるを得ません。

このような新しく浮上した問題について適切に対処するため，世界中の研究者や起業家の団体が競争や連携を繰り広げています。レコメンデーションによる新たな問題や悪影響は技術や政策，ビジネスの機会を妨げるものであり，学術研究者やプラットフォームの開発者たちによる解決策の模索が進められています。以下に，そうしたレコメンデーションの技術がもたらした，今後検討すべき四つの問題を挙げていきます。

検討すべき問題①：信頼

これまで説明してきたように，レコメンデーション・エンジンはユーザーから信頼を得たときに最も大きな能力や影響力，価値を発揮します。レコメンデーション・エンジンの推奨が自分の利益に反映していると考えているユーザーは，これまで考えたことがなく実績もない新しいアイデアを受け入れる傾向があります。彼らは挑戦することを恐れません。それどころか，未知のものや試したことのないことにも取り組もうとします。つまりそれは，自らを危うい立場に置くということでもあります。

こうした脆弱性こそが，本当の情報操作や悪用のリスクを生みます。LinkedInでレコメンデーション・エンジン研究のリーダーを務めたダン・タンケロンは，「レコメンデーション・エンジンは意思決定に対する影響力をもった瞬間，スパム（迷惑メール）や詐欺など私たちの意思決定を悪用しようとする行為の標的になる」との見解を示しています。こうした意思決定を不正に操る行為は一般的に「Shilling（シリング）」と呼ばれています。

現実的には，技術的にレコメンデーション・エンジンを操作することは比較的簡単です。たとえば特定のブランド，映画，レストラン，人物，曲に偏ったレコメンデーションを算出するのは難しいことではありません。簡単にいえば，レコメンデーション・エンジンはプログラムのコード一つで悪用できるということです。誰かの利益のためにユーザーをだますのに巧妙さはほとんど要りません。しかし，だますことはそれほどの価値があることでしょうか。

Amazon共同創設者のジェフ・ベゾスはハーバード・ビジネス・レビュー誌の取材で，ビジネスにおけるレコメンデーションの信頼をゆがめる合理性をきっぱりと否定しました。彼はある出品者から受けた，Amazonが批判的なレビューを目立つようにウェブサイトに掲載することについての苦情に触れ，次のように述べました。

> ある出品者からこういう苦情が届きました。「あなたはAmazonのビジネスを理解していない。Amazonはモノを売るからもうかるのだ。それなのになぜこんな悪評をユーザーに書かせるのか」。それを見て私は思ったのです。Amazonはモノを売ることで利益を得ているわけではないと。**私たちはユーザーの購買に関する意思決定を手助けすることで利益を得ているのです**（強調は著者による）。

「信頼性が低い」「不誠実」または「意図的」なレコメンデーションは，ベゾスの主張する顧客の購買決定を支援するというコミットメントを損ねることになりかねません。長期的視点に立てば，顧客との信頼関係はAmazonにとって一時のレコメンデーションの操作よりも，もっと大切なものなのです。Amazon, Alibaba，eHarmonyなどのWeb 2.0の企業は，現在でも信頼できるレコメンデーションをきわめて重視しています。顧客生涯価値（CLV）は，商品が一つ二つ売れたなどということよりももっと重要な話です。理論的には，信頼関係は無駄にしたり，壊したりすることのできない貴重な資産なのですから。

意図的なレコメンデーション・エンジンに対し，顧客がどのような手段を使い，どの程度罰を与えるのかという問題は，技術的に興味深いものです。Facebookなどの企業は，実験的な取り組みやテストの一環として行った操作的なフィード広告で非難を受けました。広告主は，商品リストで自社製品を目立たせるために，費用を支払うことを惜しみません。それならば，そうした利己的な金銭取引は，レコメンデーション・エンジンによって十分に開示されているのでしょうか。グレーなエリアについて透明性が高まれば，企業はレコメンデーション・エンジンを自社に有利に使おうとしなくなるのでしょうか。あるいは，逆により使おうとするでしょうか。繰り返しになりますが，これらは技術の問題ではなく，経験論に基づいた検証が可能な倫理上の問題です。

「レコメンデーション・エンジンの影響力が強大であれば，それを操ろうとする誘惑も強大である」とする，タンケロンの主張はもちろん正しいといえます。しかしレコメンデーション・エンジンがより操作的で利己的であると見られるほど，その影響力は低くなるとされています。レコメンデーション・エンジンを運用する動機は，誠実さのためなのでしょうか。それとも利己的利用なのでしょうか。これは，ユーザー，規制当局，法律家にとって長きにわたる議論となることは間違いありません。

検討すべき問題②：プライバシー

信頼同様，プライバシーも大きな問題となっています。前述した通り，Googleのリー・カイフーは人々が進んでデータ・

レコメンデーション・エンジンの
影響力が強大であれば,
それを操ろうとする誘惑も
強大である。

サイエンスにおける実験用のネズミになることを選び，想定以上に自分のことを（親密に）明かすことになるかもしれない統計的かつ推論的な実験に自ら参加したと述べています。人々が閲覧している（無視している）レコメンデーションは彼ら自身について非常に多くのことを明かしているのです。

設計においても既定値の設定においても，詳細な個別化はより多くの個人のデータや情報を必要とします。一見関係のなさそうに見えるデータセットも，アルゴリズムによって組み合わさることで個人の嗜好に関する驚くような結果が得られることがあるのです。たとえば属性や位置情報を時刻や心拍数と合わせれば，三人の友人（または同僚）のなかからお酒（あるいはコーヒー）を飲みに行く相手を一人選ぶ際のレコメンデーションの計算が可能です。世界の研究者や開発者たちが「ユーザー以上にユーザーの欲しいものを理解している」レコメンデーションのシステムを開発しようとしている事実は，もはや驚くべきことではありません。こうしたレコメンデーション・エンジンの戦略的目標や野望は本書の最終章の骨子として登場します。

このようなレコメンデーション・エンジンの発展の軌道において，セキュリティーと機密性はますます重要になってきています。人々はどれだけ自分の交際相手や経済的状況，健康，ボランティア活動の好みなどを他人に公開したいと思っているのでしょうか。レコメンデーション・エンジンの影響力が一層拡大し，より幅広く使われるようになって予測機能が向上すれば，医療のような「インフォームド・コンセント」が今よりももっと重要になっていくと思われます。

検討すべき問題③：スパース性

スパース性（情報の少なさ）はビッグデータにとっての「悪魔の双子」です。デジタルの世界では膨大な量のユーザーやアイテムが存在していますが，大抵のユーザーはほんのわずかなアイテムしか評価していません。さまざまな協調フィルタリングやほかのアルゴリズム的アプローチは，類似するプロフィールが集まる「街」をつくります。しかし，ユーザーが評価しているアイテムが少なすぎると，そのユーザーの好みや嗜好，そしてユーザーに合った適切なレコメンデーションの「街」を見出すことは数学的に困難になります。つまりスパース性とは，「情報不足」による問題のことです。

ユーザーがもっとレコメンデーション・エンジンに自分のプロフィールの「面」や「要素」にアクセスできるようにすれば（例：FacebookやSpotifyのプロフィール情報を出会い系サイトやAmazonと共有する），そこから統計的に意味をもつすべての推論を導き出すことが可能になります。情報の希薄性はそれ自体が解消されることはありませんが，このような補完的な「サイドデータ」によってアルゴリズム的に補うことができます。

こうした機能は，レコメンデーション・エンジンを利用経験のないユーザーにとっていかに有用なものとするかというレコメンデーション・エンジンの「コールドスタート」[*1]の問題に対処するうえで，重要な役割を果たします（「サイドデータ」を使う以外の古典的・一般的な方法では，ユーザー自身についていくつかの質問に答えてもらうといったことや，人気のあるアイテムを「エンゲージメント・ベイト」[*2]として表示することなどがあります）。

検討すべき問題④：スケーラビリティー

ユーザー数やアイテム数，オプションが増えれば，レコメンデーション・エンジンはリアルタイムにデータを処理するため，より大きな計算馬力を必要とします。従来以上に高い感度と精度で「あなたのような人」を決定し，これまでにないほど微細に製品や体験の特徴や属性を定義して，さらに格付け・推奨まですることは難易度の高い要求です。

検索エンジンでもそうですが，レコメンデーション・エンジンがクリアしなければならない課題は優れた結果を算出することにとどまりません。レコメンデーション・エンジンは優れた結果を「ミリ秒単位」で算出する必要があります。したがって，データの複雑性とレイテンシー（反応時間）はレコメンデーション・エンジンの敵であり，速い処理スピード（および質の

[*1] コンピューターが完全に初期化された状態で起動すること。
[*2] 相手の情報を得るための餌。

高いデータの前処理）は不可欠です。現状では，デバイスやネットワークレベルでのコンピューター・アーキテクチャーの技術革新に加え，機械学習の機能強化を進めていくというのがレコメンデーション・エンジンのスケーラビリティー（質的・量的な規模拡大）問題に向けた最善の解決策となっています。

「好循環」をつくり出すことが，以上のようなレコメンデーション・エンジンの限界に関する問題を回避する設計の原理の一つを，真剣に提示することにつながります。レコメンデーション・エンジンの信頼性を上げれば，プライバシー面での懸念が減り，プライバシー面での懸念が減れば，スパース性の問題が改善されます。そして，より優れた対応能力のレコメンデーション・エンジンはより信頼性の高いレコメンデーションをリアルタイムに算出でき，より多くのレコメンデーションが算出できれば，スパース性の問題もより一層少なくなっていくのです。

今なお進展する機械学習や人工知能（AI），センサー，拡張現実（AR），ニューラルネットワークなどのデジタルメディアの技術革新により，レコメンデーション・エンジンは今後より普及していくとともに，その影響力と重要性を増していきます。レコメンデーションは将来，今よりも個人的でユーザーの要望に適切に答えるだけでなく，さらに多くの情報をもとに人々の生活を（説得力がある）驚くような方法で変えていくものになることは間違いありません。

第2章

レコメンデーションの起源

本章では，人類の歴史におけるレコメンデーションの意外な起源について，意外な人物たちのことと合わせて，その概要をお伝えしていきます。ここでは天才や空想家，風変わりなキャラクターがたくさん登場します。本章で述べる重要な歴史的洞察は，「国王から庶民まで，世界中の人々が自分に合った具体的な助言を求めて新たな道具や手法，技術を探している」という点です。

念のために書きますが，人々は指示をしてもらいたいわけではありません。次に何をしたらよいかについてアドバイスが欲しいのです。必要なのは助けであり，ガイダンス（指導）です。物事の意味や先の見通しを知りたくてたまらないのです。レコメンデーションの歴史は人類による助言の追求と知覚の歴史にほかなりません。よいアドバイスや理想的なアドバイスとはどのようなものでしょうか。この章はその答えを中心に書かれています。

レコメンデーションの歴史は
人類による助言の追求と知覚の歴史に
ほかなりません。

レコメンデーションの歴史的文脈は，その先の未来をかたちづくるダイナミクスを理解するうえで欠かせません。一方，そうした歴史は何千年にもわたり変わらない根本的な真理を浮き彫りにしています。神や賢人，占星術，聖典，サイコロの目……。形式はさまざまですが，レコメンデーションは必ずしも従う必要のない，けれども，もっともらしく現実的な選択肢を提示します。だからこそ，レコメンデーションは大切なのです。

文学，芸術，科学，軍事，商業，恋愛の歴史のすみずみで，人々は人生における決断や選択を，自分が受け入れた（または却下した）レコメンデーションに大きく委ねてきました。

おそらく最も興味深い事実は，レコメンデーションが自己の内省や発見の原動力になっているという点ではないでしょうか。レコメンデーションが暗黙のうちに提起している問いかけは，その明示的な答えと同じくらい重要な意味があります。この根源的な事実は，古代ギリシャ時代をはじめ中国王朝，イタリアのルネサンス，ビクトリア女王時代のイギリスの人々の暮らしをかたちづくりました。人々の選択，すなわち彼らが服従／無視／誤解／修正してきた提案は，彼らの本来の姿と目指す自分との間にある二重性を映し出しているのです。

歴史を見ると，最も効果的な助言とは服従や受容するものではなく，好奇心や自己認識を喚起するものであることがわかります。レコメンデーションの技術的な手法論は根本的に変わっている一方，人類の長年の自己を知りたいという思いや自制心に対するもがきはなくなりません。この章ではレコメンデーションの起源を簡潔にまとめながら，自己認識の手段としてのレコメンデーションに関して繰り返される論争と共進化の事例を紹介していきます。それぞれの時代のなかで，優れたアドバイスを得るために最も重要とされてきた情報源や秘訣は何でしょうか。その共通点には驚くべきものがあります。

古来，レコメンデーション・エンジンの起源は神聖なものでした。王族も庶民も皆，神からの導きを求めていました。古代の占星術師は世界中で天の導きを図表に描き，古代ギリシャ・ローマ時代の神官や占い師，予言者は悩める者のために予兆やお告げを解読しました。神の助言に対する欲求は時代や文化，国境をも超えて存在するのです。

占いを信じないことで知られていたローマ時代の政治家兼演説家のマルクス・トゥッリウス・キケロは，著書『予言について』で，こう書きつづっています。「教育を受けた者から上流階級の者，野蛮な者，無知な者まで，星座が未来を示したり，星座から将来起こることを予見できる者がいたりする，という話を信じない人間を私は知らない」。

また，ペンシルバニア大学で古典学を教えるピーター・ストラック教授は，「人類すべてに共通するごく限られた能力が存在する」として，「それは食べること，歩くこと，そして未来を占うことである」と述べています。

占い（divination）は，「予見する，神から着想を得る」という意味のラテン語divinareが語源といわれ，超自然的な方法で将来の出来事を予言したり，隠れた知識を発見したりする行動を指します。アジア，バビロン，エジプト，ギリシャ，ローマの神々は，将来の戦《いくさ》の顛末《てんまつ》や友人と偽って近寄る者の裏切り行為を予測できたとされています。占いは，予測とともに洞察を提供することもあるのです。

人々は自分の信じる神々からのお告げを必要とし，欲していました。占い師は（見た目では）神の意思を受け取り，人々に伝えることができるとされ，それが彼らの権力と影響力の源となっていました。占いは古代の世界の意思決定を回していたのです（現代に置き換えれば「データ・サイエンティスト」といったところでしょうか。どちらもその時代の人気の職業です）。

キケロは占いには「技能」によるものと，「自然」に起こるものとの2種類があるとしていました。「技能」による占いには観察力や知識，技術，そして何らかの訓練が必要です。占星術や動物の内臓を読む占い，紅茶占い（カップに残った茶葉を読む占い）などを思い浮かべるとわかりやすいでしょう。反対に，キケロが「自然」と定義した占いは，幻想や夢，恍惚《こうこつ》状態によってもたらされる予言とされています。いわゆる「デルポイの神託」と呼ばれたアポロ神殿の女神官ピューティアなどがよい例です。

IBMの研究者で科学ライターのクリフォード・ピックオーバーは，技能による占いを占い師が既知のルールに従って兆候を考察し解釈する「演繹《えんえき》的」システムに例えて説明しています。儀式を用いた占いの手法では，実存する一見ばらばらでランダムな面の情報を実用的な情報に変換します。反対に自然的な占いは「帰納的」システムとなり，恍惚状態や夢を見ている状態，幻覚を見ているときに重要な助言が伝達されるというものです。ここでも，「デルポイの神託」が歴史上最もよく知られている「巫女《みこ》占い」の例として登場します。

神のとりこなのか，または自然現象を観察・操作する能力をもっていたのか。どちらにせよ，自然的な占いの占術師は重要なメッセージを伝達する媒介者であったことは間違いありません。神性に基づく「信号処理」も顧客のための個別化されたレコメンデーションを算出していたというわけです。

大抵の場合，古代や古典時代の占い師の未来予測は，あらかじめ定められた宿命でもなければ，変えることのできない運命でもありませんでした。神々に支配されていた世界でさえ，人々には選択が与えられていたのです。知識は力であり，力は人々に能力を付与しました。占いは人々がより多くの情報に基づいてよりよい意思決定をできるよう支援し，人々もそれに頼っていました。占いは単なる運勢判断以上に人々にチャンスや機会を与え，運命を自分で決めることをかなえるものだったのです。「自分はどうすればよいのか」という質問は，「この先どんなことが起こるのか」という問いと同じくらい重要な意味がありました。

そう考えると，数千年の時を超えて「神ドリブン」→「データ・ドリブン」へと移り変わったレコメンデーション・システムの歴史のなかで，「進化したこと」と同じだけ「変わらないもの」があることは大変驚くべき事実です。レコメンデーションの手法や技術が根本的かつ急速に進化を遂げるほど，人々の物事に対する洞察への欲望は根強く残り，さらに増殖しています。今日のレコメンデーションにおける最も重要な個人的および文化的側面のルーツはまさしく古代にあったのです。

古代の占い師や予言者は驚くほどに現代のレコメンデーション・エンジンの設計に深く関連しています。

占いは今では時代錯誤かもしれませんが，今日の人々の意思決定におけるレコメンデーション・エンジンの役割を予見していました。両者はともに，物事の特徴とそれを想起させる「型」を同時に視覚や聴覚，感覚で探し出すことを目的としていたのです。

哲学者のレベッカ・ゴールドスタインは著書『グーグルプレックスのプラトン：なぜ哲学はなくならないのか』(2014年)で，「何が優れた助言をつくるのかということを慎重に考えなければ，古典的な思想は役に立たない」と指摘しています。「吟味されない人生は生きるに値しない」というソクラテスの言葉の通り，レコメンデーションは自分自身を見つめることをユーザーにうながしているのです。そのことを受け入れたとき，レコメンデーションはユーザーに転機を与えます。

占いは今では時代錯誤かもしれませんが，今日の人々の意思決定におけるレコメンデーション・エンジンの役割を予見していました。両者はともに，物事の特徴とそれを想起させる「型」を同時に視覚や聴覚，感覚で探し出すことを目的としていたのです。

たとえば，人生の生き方に関する対話や議論が，神々からの助言をいかによく受け止めるかということを中心にしたものが多いのはこのためです。

こうした超自然的な視点は，私たちの日常的な意思決定を表しています。ストア派の哲学者が壮大なシンパシア（sympatheia：総合的で互いにつながり合った，いうなれば「ネットワーキングした」，宇宙的な空間）を信じていた時代，占いはありとあらゆるところで行われていました。ということは，レコメンデーションもどこでも手に入れられるものであったということになります。オハイオ州立大学の古典時代の研究者サラ・アイリス・ジョンストンは「古代では，ほとんどの人々が数日に一度何らかの占いを施したり，受けたりしていた」と言及しています。古代の人々にとって占いは，それほど日常的なことだったのです。

また，前述のペンシルバニア大学のストラック教授は，次のようにも述べています。「どんな意味であったかはまだ十分にわかっていませんが，古代のギリシャ人やローマ人は幅広い手法を使って神々からの言葉を聞いていたようでした。たとえば神殿で行われた神託や鳥占い，動物の内臓を使った占い，巫女シュビラの予言といった権力者による伝統的な儀式，あるいは夢占いやくじ引き，占星術といった個人で行う占いなどです」。

占いはまさにマルチメディアでした。偉大な神々は，「ビッグデータ」を予測していたのです。

一般的に神のお告げは，全知や独創的なものではありませんでした。ストラック教授は次のように述べています。「一部の例外はありますが，古代ギリシャの占い師たちは近い将来の戦術的な事項に対して，定期的に助言を提供していたとされています。助言は壮大な結末をもたらしたこともありましたが，助言の内容そのものは些細なものでした。彼らは『あの神は怒っているか』『軍隊を動かすのにより効果的な時期はいつか』といったことや，商売の取引，結婚などについて助言していました。宇宙の配置がどうとかいうスケールの大きな話について判断していたわけではありません」。

なぜそんなことが重要なのでしょうか。それは，国王も庶民も占いの導きを得ようとしたのは，自分の人生を変えたり，世界を新鮮な視点で見つめ直したりするためではなかったからです。彼らが占い師を訪ねていた理由は助言をもらうためでした。「自分はそうするべきか／せざるべきか。神はどう言っているのか」という問いへの答えを探していたのです。占いは，かつては物事を真剣に考えるための実用的な手段でしたが，本来は神の意思の伝達だけでなく，もっと多くのことを成し遂げます。それは，好奇心や自己への謙遜を表す行為であり，人々は予言を乞うことで，知識や活力，強さに対する欲求のみならず，弱さをもさらけ出していたのです。

1,000年もの間，デルポイの神託所は古代の人々にとって，世界の「オムパロス」(「へそ」の意味のラテン語）であるとされていました。歴史上でこれほどまでに影響力をもち，権威のあった予言はほかにはありません(「アルマゲドンの魔術師」との異名をもつ，アメリカ合衆国国防省内のランド研究所が1950年に開発した「協調ランキング」を応用した予測手法論は，まさにデルポイ法と呼ばれていました)。古代の予言の時代は，キリスト教をローマ帝国の国教に定めたテオドシウス帝が，異教礼拝を禁じた395年に終焉を迎えました。占いは罪深い行為となったのです。そんな時代が来るとは誰も予想していませんでした。

古典古代においては，占いは「己をよく知る」媒体であり，手法でした。アジアで最も古くから存在する占いに易経《えききょう》(または易ともいう)があります。漢学者・翻訳家のエリオット・ウェインバーガーは易経を「数千年にわたり支持される宇宙の哲学書，道徳的営みの指南書，君主の手引書，および個人や国家の将来の予言書」とし，「(易経は)あらゆることを説明できると考えられ，中国や東アジア全体で最も読まれている本である」と解説しています。

今から約5,000年前，中国の神話に登場する伝説上の初の皇帝・伏羲《ふくぎ》は，亀の甲羅に宇宙の基礎的な模様が映し出されているのを発見したと言い伝えられています。それらは爻《こう》という長い線や，真ん中が空いている線を3本積み重ねてつくられた，卦《け》と呼ばれる図形でつくられた八つの図象(八卦《はっけ》)で，それぞれ「天」「沢」「火」「雷」「風」「水」「山」「地」を意味していたとされています。爻には陰（剛）および陽（柔）という意味を示す2種類があることから，八卦は宇宙の恒常性や変化を操る「陰」と「陽」という二つの，双対的な原理を象徴しているといわれています。易経における「陰」と「陽」との関係は，ストア主義の哲学者にとってのシンパシアのようなものでした。すべてはつながり合っていると考えられていたのです。

考古学の記録によると，中国の殷《いん》の時代（紀元前1600年頃）の易経は，甲骨《こうこつ》（占いに使われた亀の甲羅や牛などの動物の骨）に火をつけ，熱によって入ったひびから卦を読み解き，未来を占うものであったとされています。こうした火や甲骨を使った占いは歴史的にアジア全域でよく見られていたようで，詳しい由来や意味は不明ですが，これまでに卦が刻まれた甲骨が数十万点も発掘されています。

一方，易経に登場する卦とその解釈は，紀元前800年に書かれた書物に残っています。

易経では，64個の卦（六十《ろくじゅう》四《し》卦《け》）が紹介されており，一つずつ異なる意味や占いの句がつけられています。六十四卦は個々に上下に配置された二つの基礎的な八卦（このうち上部の八卦が占いの解釈上重要であるといわれる）の組み合わせで構成され，それぞれにある特定の事象を説明する図像や言葉が割り当てられています。占いをするときには，小銭を投げたり，筮《ぜい》竹《ちく》[*1]を引いたりして，確率的に得られた結果を八卦や六十四卦に対応させ，その意味を易経を見て判断します。

そう考えると，易経は歴史上初の，16進法によるアルゴリズムを用いたレコメンデーション・システムということになります。当時足りなかったものは個別化されたデータ，優れたUX，クリエイティブなコンテンツだけです。易経もレコメンデーションと同じく，答えを求める人々に自分の問いへの答えを与えていたのです。

易経は中国やアジアの文化に，語り尽くせないほどの大きな影響を与えました。孔子も易経をもとに哲学書を書いたといいます。

西洋文化においても，易経の影響はデルポイの神託に劣りません。ヘルマン・ヘッセやジョン・ケージ，ボブ・ディランらの作家やアーティストをはじめ，数学者ゴットフリート・ライプニッツ，ノーベル物理学賞受賞者のニールズ・ボーア，アップル共同設立者のスティーブ・ジョブズも，易経からアイデアを得たことを公言しています。

神性と確率，データという神秘的な関係性を表現しているものとして，占星術に勝るプラットフォームはありません。天文学と緊密に共同進化を遂げる占星術は，ロマンチックで情熱的な科学と複雑な数学をかけ合わせて，人間の行動を説明しようとするものです。潮が月の満ち欠けに連動しているならば，人の心も月とともに動かされるのでしょうか。星の「科学」は月

*1　易占いに使われる，蓍《めどぎ》という植物の茎でつくられた細い棒。

食や日食のみならず，社会的な変化も予測していました。易経に並び占星術もまた，宇宙的な確率や選択についての説明を導く革新的な手法でした。天体の軌道を計算して自己の理解を深めたり，月の位相に人の歩みを重ね合わせて解釈したりしようとしたのです。

「占星術は星や太陽，月などの天体の動きや位置を測定し，描写することで世の中の出来事や人の性格，気質を解釈・予測するものです」。『西洋占星術の歴史』(1990年,邦訳:1997年,恒星社厚生閣)の著者ジム・テスターは占星術についてこう説明しています。「占星術では惑星の動きや位置を図表化していることから，占星術が誕生したのは，数学という学問が発展したあとだと考えられています」。

数学は占星術にとって大変重要な鍵を握っています。たとえば，日食を正確に予測するという占星術や天文学の技術は，星占いが計算に基づいた信頼できるものであるという印象を人々に与えました。背景にある仮説を信じるか否かは別として，天上の計算から一人ひとりの運勢を判別するという占星術の手法は，まさに天文的なレコメンデーション・エンジンといっても過言ではありません。レコメンデーション・エンジンのすべての基本的要素は占星術にも当てはまります。ただ，占星術では惑星同士の距離を計算して未来予測を行うのに対し，レコメンデーション・エンジンはお気に入りの映画や音楽のタイプ同士の距離を測定して好みを割り出しているのです。

占星術の起源は紀元前450年のペルシア帝国の支配下のメソポタミアといわれています。星座に加えて高度な数学を確立させたというバビロンの占星術師は王室に占いを施していました。ペルシア帝国による征服後，王室での占いの仕事が減り，バビロンの占星術師は一般客を相手に占いをするようになりました。歴史上知られる最初のホロスコープ(星占い)はくさび形文字で書かれ，子どもの誕生日における天体の位置を計算し，その子の運命を予言したものでした。

占星術と天文学との関係性を研究する歴史家イアン・ベーコンは，紀元前の後半になると，占星術は科学から職人の技巧へと認識が変わっていったと指摘しています。その当時の占星術の特徴は，ギリシャの天体観察や数学を概念的・技術的に融合させた点でした。占星術の重要性や方向性も，天体研究から個人の将来予測に置かれるようになっていきました。たとえば，出生占星術では，出生時または受胎時の太陽，月，惑星，星座の相対的位置を確認し，子どもの性格や運命を予測していました。

ほかにも相談者が質問した時間の天体の配列から答えを見出そうとするホラリー占星術や，結婚や商売を始める時期などを占うカタルキック占星術なども確立されました。カタルキック占星術は出生占星術と逆の発想で，理想とする結果を起点に，そこに導くための最適な天体の位置を特定するというものです。こうしたさまざまな占星術は個々に異なるアルゴリズムや手法を使っているうえ，導き出される結果も異なります。つまり，それぞれが独立したレコメンデーション・システムを形成しているということです。占星術は，アルゴリズム的に，ある時間や場所，望まれた結果に基づいて設計されるという現代のコンテキスト・ベースのレコメンデーション・システムを予見させるものだったのです。

紀元前２世紀になると，勢力を増した共和制ローマがギリシャとも文化的な交流をもつようになりました。占星術はローマ人の興味を惹き起こし，さまざまな星占いがつくられ，暮らしに根づくようになりました。

占星術は５世紀の西ローマ帝国の崩壊まで古代ローマで重要な位置づけを占めていました。一方で，中世ローマにおける位置づけについては歴史研究家の間でも議論が分かれています。占星術は神託と異なり，キリスト教が登場しても滅亡することはありませんでした。予言は一過性のものですが，星は天上に常に存在します。占いをするにはただ空を見上げればよいのです。

12世紀のヨーロッパでは，イスラム界への浸透により，再び占星術が注目を浴びることとなりました。王室に対して占いや助言を行う，宮廷占星術師が増えていきました。そして15世紀に入ると，ヨーロッパ大陸のほぼすべての王宮が専任の占星術師を雇っていたほか，ルネサンスの著名な数学者やガリレオでさえも占星術を行っていたとされています。

ルネサンス期は，占星術に大きな混乱をもたらしました。イタリア人数学者ジェロラモ・カルダーノ（1501～1576）が，それまで議論の的であった占星術のアルゴリズムと，のちのレコメンデーションの革命を導いた，ある「新たな数学」との関係性を証明したのです。その「新たな数学」とは確率論でした。賭け事をひどく好んだカルダーノが「賭博学者」との異名をとっていたのも納得です。欲望を抑えられず大金をギャンブルにつぎこんだカルダーノのギャンブル癖は彼の運命を大きく左右しました。

物理学者や哲学者としても知られるカルダーノの占いについての独特な解釈は，今日の高度なレコメンデーション・エンジンの技術に通じるものがあります。カルダーノの伝記を執筆したヘンリー・モーリーはカルダーノを，「ルネサンス期の迷信やその学びを受け入れ，拡大させた」と主張しています。彼の才能はギャンブル癖と合わせて，レコメンデーションの進化の歴史においてのシンボル，本質，教訓になりました。彼は紛れもなくルネサンスを代表する偉大な失敗者でした（その名は現在のある有名な暗号通貨の名称にも使われているほどです）。

占星術の専門家・研究者であったカルダーノは「ルネサンス期の最も著名な占星術師」でした。カルダーノが執筆した著名人1,543人分の星占いを記した衝撃的な本は，彼を一躍有名にしました。星占いはカルダーノをまさしくスターにしたのです。

しかし，それはまったくのまやかしではありません。数学者のフィリップ・デイビスによると，「科学」とは言い切れないまでも，イタリアの占星術はきちんとした評価に値するほど厳格であったといいます。いうなれば，カルダーノは占星術師であると同時に数学の達人でもありました。「カルダーノの書いた星占いは，占星術が最も発展し，理論や計算に基づき信仰や社会的な行事として位置づけられていた時代を代表するものでした。彼の占星術は，数学や天文学に大きく寄与することとなったのです」とデイビスは述べています。

また歴史研究家でプリンストン大学教授のアンソニー・グラフトンは，辛辣《しんらつ》にも適切に，カルダーノの高度な占星術を現代の計量経済学と比較しています。「古代や近世の占星術師が行っていた大部分の仕事は，20世紀では経済学者が担っていたものでした。当時の占星術師は今でいう経済学者のように，日常生活の混乱した事象を厳格に定義された数量モデルに当てはめることで収拾をつけようしていたのです。また彼らは仲間の占い師たちに指導や記録を残す際，占星術による未来予測には限界があることを明確にしていたうえ，実際に起こる事象と予想とは合致しないことを理解していました。一方で，経済学者のように，彼らは占いの技能の証しとしてより条件のよい仕事や報酬を手にしていたのです」。結局は，自分のリスクは自分で負えということなのでしょうか。

自叙伝を多く書き残していたカルダーノは，ある手記で自らが自己アピールの達人で，よくも悪くもその名をはせていたとつづっています。カルダーノは人にアドバイスをすることを非常に好んでいたのです。

カルダーノは医者，数学者，技師として当時のヨーロッパ全体で広く知られていました。占星術や医学，数学，技術，哲学に関する本を多数書き，まるでルネサンス期のレコメンデーション・エンジンのような存在でした。あらゆる占いや運勢判断の手法に魅せられた彼は，額《ひたい》に入っている線の切れ目からその人の性格を解読するという「人相学」を開発しました。しかし，こうした占いがもたらしたうぬぼれは，のちに彼を自ら破滅へと導くとなりました。

カルダーノはイギリスでの滞在中，100時間をかけて若きエドワード6世が末長く健康な生涯を送るという運勢を占いました。ところがエドワード6世はそれから1年もたたずに死去してしまい，カルダーノの占いの信用や評判は崩れ去りました。しかし，そんなことをものともしないカルダーノは，恥じ知らずにもイエス・キリストの運勢を占うという軽率な行動に出てしまいます。これがローマの異端審問[*2]の目に留まり，カルダーノは一時的に投獄されてしまいます。スターにのぼりつめたカルダーノの名声は，ついに失墜することとなりました。彼は自分の死ぬ日を予言したといわれていますが，自ら命を絶ったのか，予言が的中したのかはわかっていません。

---

*2　中世の西ヨーロッパでカトリック教会が異端信仰者を取り締まるために行っていた裁判。

亡くなる前，カルダーノはひそかに，確率論の基本的概念を確立させていました。彼が1560年代に執筆し，死後の1663年に出版されたとされている『サイコロ遊びについて』は，確率論の概念について書かれた最初の書籍として知られています。この本のなかで，カルダーノは度数比や繰り返し起こる事象の数学的想定，派生する冪乗則《べきじょうそく》について定義しています。彼の深い（そして非常に高くついた）ギャンブルの経験に基づくこの本は，占星術の本同様に，確率の実践方法，理論，巧みな文章表現，そして科学を鋭く織り交ぜたものでした。一つ違ったことは，カルダーノの確率論は信憑性が高く，実証可能な予測を提供できるという点でした。悲しいかな，賭博と占いの天才は，誤った将来に自分の人生を賭けてしまったのです。

確率論の誕生は，予測やレコメンデーションのパラダイムを一新させました。時を経て，占いは神の言葉を読み解くことから，可能性の計算へと移り変わりました。今では神の声を尋ねる代わりに，「見込みはどれくらい？」とコンピューターに聞くことができるのです。幸運の女神はいないかもしれませんが，幸運を手にする可能性は計算できます。確率は，因果関係とともに自然現象の謎を数を用いて解読する鍵となります。推論や相関，回帰，有意といった統計学的なツールや手法の開発により，「神ドリブン」から「データ・ドリブン」のレコメンデーションへの移行が加速されることとなりました。顕微鏡や望遠鏡のような革新的な発明のごとく，確率論は人々にとって重要な情報を新しい手法を用いて理解させ，評価させる力強いツールとなったのです。

カルダーノのあと，ベルヌーイやベイズ，フィッシャーといった研究者の功績により，統計学はさらに詳細になり，予測性や法則性も確立されていきました。兆候や易経，星座といった予測手法はコンピューターによって算出され，経験的に検証可能な仮説や嗜好，選択肢，アドバイスにとって代わりました。確率を知ることは，神を知るよりも頼りになることが明らかになったのです。1812年，数学者ラプラスは著書に次のように書きました。「賭け事から生まれた科学が人類の知識において最も重要なものになるとは感慨深い」。

コンピューターが普及し，その処理速度や価格，使い勝手のよさが改善されていくにつれて，レコメンデーションはあらゆるものに応用されるようになりました。誰もがレコメンデーションを使えるようになったのです。かつて古代ギリシャのストア派が宇宙空間と言ったものは，統計になり，豊富なデータに基づいたクエリが相関性や曲線適合で示されるようになりました。レコメンデーション・エンジンは確率という革命の論理的・不可避的・技術的な後継者なのです。

しかしながらこうした革命は，歴史を一変させるものであると同時に，歴史を受け継ぐものであることを体現しています。確率的な定量化は，どれほどコンピューターやデータに依存しようとも，人間の本質を壊すものでも覆すものでもありません。

確かに，データやアルゴリズムは異なります。しかし，そこに内省する精神は不変なのです。「神vs確率」の構図は，Amazonのレコメンデーション・エンジンかデルポイの神託かという話と似ています。人々はいずれに対しても，「それにはどういう意味があるのか」「それは自分の意見や行動を変えるものか」「無視してもよいものか」「アドバイスを聞きたいのか，断言してほしいのか」などという質問を投げかけているのです。

さらに歴史では，レコメンデーションの起源は神性以外にも存在していました。人類は長い間，神の言葉を伝える予言者や媒介者以外にも，互いに助言を求めていました。

歴史に残るレコメンデーションや助言の記録は，ことわざやたとえ話，寓話に始まります。世界最古のレコメンデーションはおそらく『シュルッパクの指示書』であるといわれています。この書は4,700年前に粘土板にくさび形文字で刻まれたもので，古代シュメールの王が息子にあてたことわざによる助言でした。助言は「うるさく鳴くロバは買ってはならない」「他人の娘を犯してはならない。やがて知れわたることになる」というものから，「父親に口答えしてはならない」といった当たり前のことまで含まれていました。どれもごもっともなことばかりですね。

『シュルッパクの指示書』は，日常的な問題への対処法について書かれた「知恵文学」の先駆けでした。哲学者リチャード・

マサードによると，日常的な問題とは「家族の生活や子育てなどの心配事，共同生活の苦労，＜中略＞人生の挫折，不条理，不確実な出来事に関するもの」などであったといいます。

「知恵文学」はそうした人生の意味を問う質問について，主に著者本人の考察や経験を踏まえて回答するというもので，ことわざや格言は「知恵文学」のうち最も広く普及している形式です。占い同様，「知恵文学」はさまざまな文化に存在し，隅々まで浸透しています。またイェール大学のハロルド・ブルーム教授は「知恵文学」について，「アジア，アフリカ，中東，ヨーロッパ(西洋)など，世界のあらゆる文化で育まれている」としています。

たとえばイソップの寓話はイソップによる格言であったとされています。古代の中東の文化に存在していたといわれる寓話は，古代ギリシャでは紀元前8世紀のアルカイック期ギリシャの文学として登場していました。イソップ自身は紀元前5世紀に生存していたとされ，ヘロドトスやアリストファネスらギリシャの作家が彼の寓話を参照していたと伝えられています。プラトンは，「ソクラテスはイソップのファンだった」と言っていたそうです。

古代修辞学者のアエリウス・テオンは，寓話を「真実を描写している架空の話」と定義しました。寓話は正しいタイミングで説かれれば，賢者の助言となります。易経とは異なり，イソップの寓話は自己発見につながるレコメンデーションを豊富に提供しています。「ウサギとカメ」や「アリとキリギリス」は単なる子ども向けのおとぎ話ではありません。物事の本質的な価値を語りかける教訓なのです。「急がば回れ」は，本当に競争に勝てる術《すべ》を説いています。占いと同じく，寓話もその素晴らしい真価を知るには自己を見つめ直すことが必要です。人々は寓話を読むことで，その物語に自分や自分の一面を重ねられるのです。寓話と読者との類似点，あるいは寓話のメッセージは，まさにレコメンデーションを提供する理想的な手法といえるでしょう。

皮肉にも，イソップはクロイソス王に仕えるため，デルポイを訪れていたとされています。そこで彼は神託者の予言があまりに漠然としていてあいまいだと批判しました。これがデルポイの市民の怒りを買い，彼らは神への冒涜《ぼうとく》であるとしてイソップを崖から突き落とし，処刑するのでした。占いは文字通り，核心をついた寓話作家の終わりを告げたのです。

一方，印刷機の発明もレコメンデーションの歴史を大きく揺るがしました。「(印刷という)新たな技術は古い技術の頃のコンテンツを取り込み，今という時代に古い時代の情報をあふれさせた」とカナダ人の文学評論家でメディア研究家のマーシャル・マクルーハンは印刷機が登場した当時について描写しています。「印刷技術が発明されたルネサンス期には，中世の資料が多く発行されていたのです」。

グーテンベルクが印刷機を発明したことにより，古代の助言やレコメンデーションが再び注目されることとなりました。ルネサンス期に商人たちの間で交わされていた「avvisi」(手書きのニュースレターという意味のイタリア語)は，物の購入・販売に関する商品評価を掲載した新聞紙にとって代わりました。また，作家バルダッサーレ・カスティリオーネが宮廷に使える使用人たちに向けて主人に気に入られるための助言を書いた『宮廷人』(1528年)など，古い時代の知恵文学に変わる「教養文学」も登場しました(ちなみに，カスティリオーネとジェロラモ・カルダーノは知り合いでした)。こうして生まれた新たな市場と新たな富は，レコメンデーションや助言に新たな機会を与えました。

歴史研究家のエリザベス・アイゼンステインは著書『変化の一要因としての印刷機』で，印刷技術が「古い考え方とまったく新しい物事の思考システムという史上初の新たな組み合わせをうながす環境をつくった」と主張しています。印刷技術のおかげで新たなレコメンデーションやアドバイスの手法が確立され，幅広く普及するようになったのです。それまでは耳で聞くことしかできなかった知見は，目で見られる情報になりました(そう考えると現代のAlexaやSiriは，予言の時代に後戻りしているということなのでしょうか)。

印刷技術はアドバイスを取り巻く環境を大きく変容させました。アイゼンステインによると，18世紀には「実業家は日中同僚に隠れて情報を得ていた」と言い，さらに19世紀になると「教会を訪れる噂好きの信者は，ひそかに新聞を読んで地元の噂を仕入れていた」とも指摘しています。

表向きは常に情報を伝えるためにつくられた技術も，最終的にはレコメンデーションや助言を提供するプラットフォームになりました。ベンジャミン・フランクリンが発行したカレンダー『貧しいリチャードの暦』(1733〜1758年)は，「牝馬の悪口を言う者は，あとでその馬を買う」「魚と客は3日たつと鼻につく」というようなイソップ顔負けの格言を付したことで大人気となりました。

『貧しいリチャードの暦』には，ほかにも星占いなどの情報が含まれていました。しかし，カレンダーの評判やベストセラーとなるきっかけをつくったのは，格言というレコメンデーションでした。

『貧しいリチャードの暦』以外にもフランクリンは，『富への道』(1757年)や『フランクリン自伝』(1793年)を出版し，アメリカ啓蒙思想における自助文学の父として広く知られています。自助文学はのちに大きな人気を博し，やがて知恵文学や教養文学を淘汰していきました。その人気はもはや「レコメンデーション文学」と呼んでもよいくらいです。新たな格言や古い教訓をアレンジしたアドバイスを掲載した冊子や印刷物が次々と出版され，レコメンデーションは成長性や影響力の大きい商品になっていったのです。

サミュエル・スマイルズ著の『自助論』(1859年)もフラン

クリンの自助文学のビクトリア朝版として大ベストセラーとなりました。実際の偉人の経験をもとに忍耐や人柄，逆境に対処する方法などについての教訓を書いたこの本は，一から自分で成功を切り開くことの美徳を啓発したものです（なお，技術歴史学の研究家でもあったスマイルズは，世界初の計算機科学者，チャールズ・バベッジの大ファンでもありました）。『自助論』は国家の価値を強調し称えたレコメンデーションの指南書でした。発行部数は1900年に25万部を超え，ヨーロッパの各言語のほか，アラビア語，トルコ語，日本語にも翻訳されています。知恵文学や教養文学に並び，自助文学も国境や文化を超えて広がっていきました。

自助文学は，20世紀のアメリカで商業的・文化的にも絶頂期を迎えました。大恐慌時代に書かれたデール・カーネギーの『人を動かす』(1936年)は発行後100日で25万部以上を売り上げ，瞬く間にアメリカ文化の試金石となりました。同書のこれまでの発行部数は3,000万部以上にのぼります（アメリカの著名投資家ウォーレン・バフェットもデール・カーネギーの設立したスピーチ講座を受講し，その修了証書をオマハの事務所の壁に飾っているそうです）。また，ナポレオン・ヒルがうつ病に悩まされるなか執筆した『思考は現実化する』(1937年)も自己啓発本の典型的な例です。ほかにも第二次世界大戦後に書かれた『小さな自分で満足するな！』『チキンスープをどうぞ心あたたまる17のアメリカ小話集』『1分間マネージャー』『7

つの習慣』などの自己啓発本がベストセラーとして名を連ねています。

こうした自己啓発本のヒットから言えることは，自己啓発本のレコメンデーションや助言は実践哲学を事例とともに伝えているということです。『良き人生について　ローマの哲人に学ぶ生き方の知恵』（2009年，邦訳：2013年，白揚社）の著者ウィリアム・アーヴァインは実践哲学について，「人生において手に入れる価値のあるものとそうでないものとは何かを教え，どうしたら手に入れる価値あるものを手に入れられるかを説く」という二つの要素があるとしています。こうした実践哲学はレコメンデーション・システムの目指すところと完全に一致しています。いつの時代も，人々は次に自分は何をしたらよいか（またはなすべきか）という悩みに対して具体的なアドバイスや「選択肢」を求め，彼らの指の先にある最も身近で，最もお金のかからないリソースを活用していたのです。

実践哲学では，人々の間で支持を得たもう一つの出版形式がありました。アメリカでベンジャミン・フランクリンが『貧しいリチャードの暦』を発行する前，イギリスではジョン・ダントンがより社交的で双方向なアドバイスを行う出版物を創刊していました。1691年，本屋を営む32歳のダントンは女性関係で悩み，誰かに相談しようとしましたが，自分のことを他人に知られたくないと躊躇《ちゅうちょ》していました。一方，彼は，自分の置かれている微妙な状況が人の興味を強く惹くものであることにも気づいていました。「起業家精神にあふれ，浮気性な性格であった」とされるダントンは，のちに『アテネ雑誌：または利口な男女による素敵で面白い質問にすべて答える詭《き》弁《べん》的なマーキュリー新聞』という新聞を創刊しました。

ダントンの「読者参加型のメディア」という天才的なアイデアは，「オープン・ソース」という考え方の先駆的事例といえるかもしれません。『アテネ雑誌』は読者の相談についてのアドバイスをコラムにして掲載した初の媒体でした。相談内容は「知り合いの女性がご主人と初めて枕をともにした晩に泣いたそうですが，彼女は歓喜のあまり涙したのでしょうか。それとも恐怖，ご主人に対しての気遣いですか」といったものや「丸い尻の馬はなぜ四角い糞《ふん》をするのですか」といったものでした。それはまるで当時の「ソーシャルメディア」のように話題沸騰となりました。『ガリバー旅行記』で知られる作家のジョナサン・スウィフトも若い頃『アテネ雑誌』の熱狂的なファンだったといわれています。

『アテネ雑誌』は別名を「喫茶店の予言」(！)と呼ばれ，イギリスの「Agony Aunt」やアメリカの「Dear Abby」「Dear Prudence」などの身の上相談コラムのはしりでした。もっと現代的な例では，紙媒体のQuoraといったところでしょうか。

ダントンの雑誌社アテネ・ソサエティーには専門家集団がいて，読者に向けて実用的なアドバイスや価値観を伝授していたそうです。

こうした「専門家」や「アドバイザー」は，レコメンデーションの歴史のなかでまた別の新しいコンセプトを生み出しました。「キュレーション」[*3]です。「キュレーションとはわかりづらく，ときにネガティブともとられる言葉ですが，その由来であるラテン語のcurare（世話をする，対処する）には，かけがえのない人のぬくもりがあります」とマイケル・バクサーは説明しています。「私たちは驚きを求めています。ノウハウやセンスのよい美的感覚，時間や労力の適切な使い道を知りたいと思っています。そして，ほかの誰かの趣味や信頼できる個人的な人脈といった，雑多な現実を楽しみたいのです」。

「キュレーション」は選択に実際の経験に基づく知識や精巧さを付与します。アイデアや表現は物や芸術品と同じような感覚で収集できるのです。予言者，占星術師，自己啓発の達人，実践哲学者のように，キュレーターも選択を助けるためのレコメンデーションやアドバイスを提供します。神託や占星術と同様に，キュレーションも予想もしなかった気づきを呼び覚ましたり，誘発したりするのです。旅行ガイドやレストランの評価，美術品のコレクションなど，固有の人物や集団，物語，アドバイスのジャンルとして書かれたものとして，あらゆるものがキュレーションの対象になり得ます。

人々の選択やその複雑性，情報量の拡大にともない，より優

---

*3　情報を収集，整理，要約，公開，共有すること。

れたレコメンデーションやアドバイスに対する需要もさらに増しているという事実は想像に難くありません。社会が豊かになれば，選択肢が多様化し，レコメンデーションの可能性や機会も広がっていきます。

レコメンデーション・エンジンの起源や歴史は，古代の神々やデルポイ，天上のように魅力的であり，深い意味があります。今日のレコメンデーション・エンジンの開発を導き，その価値向上と必然性をもたらしたもの，それは本章でお伝えした数々の愚かな行いや欠点，失敗のすべてだったのです。

第3章

レコメンデーション・エンジンの歴史

未熟な計算技法や粗末な試行錯誤から始まったレコメンデーション・エンジンは，昨今急速にオンラインでのユーザー・エクスペリエンス（UX）においては欠かすことのできない中心的な存在になってきました。AlibabaやAmazon，Facebook，Netflix，YouTube，Tencentを巨大企業に成長させたリアルタイムのレコメンデーション算出と個別化の技術は，1990年代の技術的革新と起業ブームをきっかけに発展したものでした。それから30年余り，さらに進化を遂げるレコメンデーション・エンジンは世界中の人々の行動基準や常識を覆し，刷新しています。レコメンデーションはデジタルの世界を広げているといっても過言ではありません。

デジタルメディアやプラットフォーム，それに付随するサービスの数々。世界に広がるインターネット技術の進展はレコメンデーションのシステムの成功の象徴であり，またレコメンデーションのシステムによってもたらされた結果でもあります。eコマースに始まり，モバイルデバイス，クラウドコンピューティング，GPS，ビッグデータ，機械学習に至るまで，デジタル技術における進歩はレコメンデーションのシステムに素早く取り入れられ，適応・吸収されています。データの質も徐々によくなり，その分レコメンデーション・エンジンもさらに普及し，性能も改善されるようになりました。そしてアルゴリズムの応用により，これまで口コミでしかなかったおすすめやレビュー情報はデジタル化・形式化・正規化され，さらに分析や測定といった手法が加えられることによって，新たな発見や偶然の出合いをうながしているのです。レコメンデーション・エンジンの処理スピードやプロセスには際限がなく，その影響力や説得力もまた，驚異的です。

デジタル技術の革新はレコメンデーションの進化をもたらします。そしてレコメンデーションが至るところに広まれば，デジタル技術の革新が加速されます。この善の循環は，レコメンデーションの過去と現在，近い将来の姿を物語っています。実際に，一時期メタタグや「いいね！」ボタンが主流であったデジタル・マーケティングでは，特徴エンジニアリングやニューラル・ネットワークが次々に導入され始めています。こうした構造シフトは中国やインドの消費者の間のみならず，欧米のスタートアップ企業にも共通しています。

今では，レコメンデーション・エンジンはコアなテクノロジーとしてだけではなく，人の経験をデザインするという意味においても必要不可欠な設計原則と受け止められるようになりました。そもそも情報過多の問題へのソリューションとして開発された学術研究のツールは，人々のためにより優れた，より個人の条件に合った選択を実現する枠組みやプラットフォームへと変化したのです。

レコメンデーション・エンジンの第一世代は，オブジェクト指向プログラミングやイーサネット，レーザープリンターを発明した有名な米ゼロックス社のパロアルト研究所（PARC）で産声を上げました。PARCには，アップル創業者のスティーブ・ジョブズが，同研究所を訪問したことがきっかけでマッキントッシュ・コンピューターをつくったという逸話があります。先駆的な企業研究所であったPARCにはいつもアイデアを共有したり，何かを構築したりすることを好む科学者やエンジニアがたくさん集まっていました。1992年に開発された「Tapestry（タペストリー）」は，そうした「アイデアを共有」して「何かを構築」するというコンセプトをデジタル化したものでした。

PARC研究員でプリンストン大学数学博士のデビッド・ゴールドバーグが開発責任者を務めた「Tapestry」は，コンピューターを使った初の協調フィルタリングシステムとして広く知られています。当初の開発目的は，ゼロックス社の研究者たちのネットワークが保有する情報を活用し，その利用価値をより効率的に高めるということでした。多くの情報に囲まれた環境で研究活動を行っていたPARCの研究者たちは，文書データや増え続ける電子メールの量があふれんばかりに膨らんでいくことを予測していました。一般的なドキュメント送付システムの手法の一つであるリストサーブ（メーリングリストマネージャーの一つ）が開発され，ユーザーが希望した興味のある文書を含んだ電子メールを受け取ることができるメーリングリストのシステムが登場しましたが，既存の技術ではユーザーのますます複雑化するニーズに合った情報を優先的に示す効果的な手法は存在しませんでした。そこで研究者たちは，互いに協力し連携を深めることで，大量につくられる電子文書を管理する手はないかと考えたのです。

こうしてできた「Tapestry」のシステムは，受け取った電子メールのメッセージにユーザーがどう反応したかを明示することで文書をフィルターするというものでした。具体的にはそれぞれの文書に「送信」「受信」「返信」といった反応や，探している情報との関連度を記録してもらったのです。また，手動で「既読」「とてもよい」「ジョンから読むようにとの依頼」などのコメントを記入したり，タグ付けしてもらったりしました。このようなフィルタリング（検索条件にあったデータの抽出）は研究者たちの連携を促進しました。

また，「Tapestry」では，ユーザーの検索条件に合った記事のみを表示させるようシステムに，クエリを発行する（処理要求）こともできました。こうした検索条件はキーワードやアノ

既存の技術ではユーザーの
ますます複雑化するニーズに合った
情報を優先的に示す効果的な手法は
存在しませんでした。
そこで研究者たちは，
互いに協力し連携を深めることで，
大量につくられる電子文書を管理する
手はないかと考えたのです。

テーション（文書につけられた注釈やタグ）に加え，興味深いことに，「メアリーがこのグループに転送した記事をすべて表示」といったように，記事を読んだユーザーの特定の反応も含まれていました。活発でパーソナル，そして共有・検索可能なフィルタリングを応用した「Tapestry」は，付加価値の高いメール受信箱兼レコメンデーションのリソースでした。

ある評論家は，「Tapestry」の開発精神について，「熱心な読者は即時にすべての文書を読み，気軽な読者は熱心な読者がコメントするのを待つ」および「（メーリングリストへの）受信登録という条件と引き換えに，個人化されたメーリングリストのフィルターをユーザーに提供する」という二つの考えで表現しています。優れたフィルタリングは，よいレコメンデーションに匹敵する価値があったのです。

また別の評論家は，「Tapestry」がある三つのユニークな高感度設計開発法を生み出し，統合させたとしています。その三つとは，ユーザーが自ら好みを申告することをベースとした「協調フィルタリング」，検索条件に基づき検出されたメッセージを自動的に分類・優先順位付けする「ルールベースの評価」，およびメッセージのなかで最も興味深く関連性の高い部分をわかりやすく強調する「視覚強調」の三つです。このように，「Tapestry」はデジタル的に動的なオントロジー（概念）やタクソノミー（分類体型）を策定するというレコメンデーション算出のための前段階をやっていたわけです。

しかしながら，手動でアノテーションを書いたり，検索条件をつけ足したりという作業は人の手を介さなければならない複雑なものでした。実際に，「Tapestry」は手間がかかるうえにプログラムとは言い切れない粗末なものでした。扱っていた文書も大半はタグ付けされないままでした。それでもなお「Tapestry」は，前述の評論家いわく「ユーザーのアクションや意見をメッセージのデータベースや検索エンジンに組み込んだ」システムとして，初期のレコメンデーション・エンジンの決定的な第一歩となったことは紛れもありません。ユーザーがデータベースからレコメンデーションを引き出すことを可能にした「Tapestry」の相互作用モデルは，「プル・アクティブ（Pull-Active）」協調フィルタリングとして知られています。

協調フィルタリングはのちにシステムに関心をもったロータス・デベロップメント社（現IBM）の研究チームにより，同社の著名なグループウェア「ロータスノーツ」の協調性向上を図る目的で導入されました。彼らの狙いは「ロータスノーツ」上の興味深いコンテンツをほかの似たような関心をもつユーザーに提示するというものでした。フィルタリングの結果の表示形式は，対象ユーザーが関心をもつと思われる文書へのハイパーリンクや背景情報（文書名，作成日，ソース・データベース名，送信社名など），送信者からのコメントなどでした。

協調は協調を生みます。ゼロックス社のPARCは迅速に「ロータスノーツ」のフィルタリング結果の表示手法を関連性情報の検出や共有，提案に応用しました。このアプローチは「プッシュ・アクティブ（push-active）」協調フィルタリングと呼ばれています。これにより，「プッシュ・アクティブ」協調フィルタリングの基軸となる，個人とワークグループが協力し合い，互いに関心のある情報を格付けしたり，支持を表明したりという考え方が広まりました。

しかしながら，協調フィルタリングには「互いに知っている相手同士のコミュニティーのなかでなければ機能しない」という限界がありました。「プル・アクティブ」なシステムにしても，どのユーザーの意見を重視しているかをユーザー自身が把握している必要がありました。システムが機能するためには，特定のコンテンツについて自分以外に関心のあるユーザーを知っていなければならなかったのです。こうした問題を打破する鍵は自動化でした。ユーザーの意見の履歴を記録したデータベースを用いてほかの同じ興味をもつユーザーの意見と適合するユーザーを見出す自動化協調フィルタリングを使うことにより，こうした制限は克服されました。

1992年，マサチューセッツ工科大学のポール・レスニックとミネソタ大学の研究チームは，自動化協調フィルタリングの運用イニシアチブ「GroupLens（グループレンズ）」を発足しました。「GroupLens」は当時拡大していた「Usenet（ユースネット）」*1のニュースの読者を対象とした研究目的のシステムで，「Usenet」配信ニュース記事の５段階評価による格付け，および格付けの統計的な組み合わせに加え，ユーザー間のプロフィールや好みの類似性を特定してレコメンデーションを生成するといった機能を応用していました。余談ですが，「GroupLens」は当初自らのイニシアチブを，アメリカおよびカナダの商事改善協会（Better Business Bureau）の組織名を文字って「Better Bit Bureau」（bitはコンピューターが扱う情報の最小単位という意味の「ビット」）と呼び，のちに本家の協会から苦情を受けたそうです。

「Tapestry」と概念的には同じ成り立ちをもつものの，「GroupLens」のアーキテクチャーやアルゴリズムは「Tapestry」に比べて多くの意味ではるかに優れていました。第一に，「GroupLens」のシステムはデータを共有する新規の顧客やサーバーとのリンクが容易に行える，規模拡大に対応可能なアーキテクチャーを使用した分散ネットワークとして設計されていました。また，拡張クエリのエンジンを開発・配備し，格付けの比較や，個々のユーザーのクエリの収集，格付けをもとにした提案の表示，さらに匿名利用によるプライバシーの確保や予測の算出も可能でした。言ってみれば，「GroupLens」は研究用の試作品以上を目指していたのです。

規模の拡大にも対応可能なアーキテクチャーは，提案情報の増加にも耐えられるものでした。「GroupLens」のシステムは，

---

*1　1979年にデューク大学で運用開始された分散型オンライン掲示板システム。

自動的かつアルゴリズム的に類似点を
収集・集約するという協調フィルターは
レコメンデーション・システムの
将来像を大きく変えたのです。

どんどん増えていく互いに面識のないユーザー間でも類似する関心事項を自動的に検出することができました。

反対に，互いに知っているユーザーを必要とし，格付けも収集しないという「Tapestry」の特性は，それ自体が「Tapestry」の発展を妨げる足かせでした。「GroupLens」の基盤である，自動的かつアルゴリズム的に類似点を収集・集約するという協調フィルターはレコメンデーション・システムの将来像を大きく変えたのです。

しかし「GroupLens」は，パイロット試験によりユーザーの増加や多様化にともない，格付けに対する意見の相違の問題が多く見られるようになったことが判明しました。格付け評価の平均値を決めるのは本末転倒でしかありません。「多様性に富むユーザーのグループ間で関連する予測を算出する」という課題を解決するため，「GroupLens」は比較可能な格付け評価プロファイルをもつユーザーの特定を行う相関エンジンを導入しました。レコメンデーションの生成に「類似性の部分集合」を使うというアプローチは，ユーザーの平均的な評価の集合化をベースとした手法をはるかにしのぐものでした。1994年発表の論文で「見かけによらず単純なアイデア」と表現されたこのアプローチは，「過去の評価が一致するユーザー同士では，将来の意見も一致する可能性が高い」という，実にシンプルな考え方を起点としていました。

こうした“自分に一番近い”「隣人」や「街」を探すという似

たもの探しのアルゴリズムは自動化協調フィルターの機能を格段に向上させました。類似する考え方を共有するユーザーを同定できるかどうかが提案のよし悪しの決め手となったのです。

「GroupLens」の共同研究者のジョン・リードルとジョセフ・コンスタンは自動化協調フィルターについて，「端的に説明すると，自動化協調フィルタリング・システムはユーザーが格付けしたアイテムとその格付け内容を記録しているのです。その後，システムはユーザー間で好みの類似性を検証することにより，個々のユーザーに合った予測を提供してくれるユーザーを割り出します。そして最終的に割り出されたユーザーに新たなアイテムを探させるのです」と説明しています。

「GroupLens」や「Tapestry」はもともと消費者向けに設計されたシステムではありません。いずれもCSCW（コンピューター支援共同作業），DSS（意思決定支援システム），IR（情報検索）などの組織内の個人・グループ間の生産性に着目した学術分野から派生したものでした。協調フィルターも本来は商取引ではなく職場の業務改善のために開発された手法です。それは紛れもありません。ですが，そうして新たに誕生した協調フィルタリングはのちに起業家たちの目に留まり，彼らはその大きな商業的ポテンシャルに気づきます。レコメンデーションの革新的技術は一般ユーザーにも受け入れられるという可能性を秘めていたのです。

加えて，当時「ワールド・ワイド・ウェブ（WWW）」が爆発的に普及し始め，さらに1993年にはインターネット・ブラウザ「Mosaic」が登場するなど，インターネットの市場が巨大化することは目に見えていました。そうした市場環境は，協調フィルタリングの技術発展を推し進めることとなりました。ミネソタ大学の「GroupLens」もコンセプトを発展させ，本や映画のおすすめ情報を算出する「BookLens（ブックレンズ）」や「MovieLens（ムービーレンズ）」を開発しました。こうした動きはもはや一つの事業を超え，協調フィルタリングが社会現象となりました。企業や組織はレコメンデーション・システムという似た者同士をマスカスタマイズすることをテーマに，さまざまな研究開発や技術革新の取り組みに着手し始めました。

たとえばアメリカのベル電話会社の研究部門BellCore（ベルコア）は映画の推奨情報をビデオで表示する電子メールのシステムの試験運用を実施しました。またほどなくしてマサチューセッツ工科大学の研究所MITメディアラボの研究者パティ・メイズが率いるソフトウェア・エージェント*2の研究グループが「ソフトウェア・エージェントが成し得る最も高いレベルの作業は賢いレコメンデーションの作成である」と結論づけた研究を発表しました。さらに1994年には，同研究所の大学院生であったウペンドラ・シャルダナンドが，ユーザーの条件や嗜好のプロフィールに基づいて楽曲のレコメンデーショ

---

*2　コンピューターやプログラムと，人やほかのプログラムとの間を仲介するプログラム。

ンを電子メールで送信するシステム「Ringo」を開発しました。

「Ringo」はオンラインでのユーザー登録を利用条件にしたほか，ユーザーが登録するときになんと全120曲(!?)を超えるさまざまなアーティストの楽曲を７段階で評価してもらうという荒技で，「コールド・スタート」の問題を解消しました。その仕組みは,ユーザーが格付け評価やレビューを送信すると,自分の好きな楽曲やアーティストに関するプッシュ通知やおすすめ情報を受け取るようにリクエストできるというものでした。20年後の「Spotify Discover」*3を予見させる「Ringo」は，要するに登録ユーザーに個別化されたプレイリストをメール送信するサービスだったのです。

とある大学院生が試作した「Ringo」のシステムは瞬く間に数千ユーザーを獲得し，「HOMR(Helpful Online Music Recommendations：役に立つオンラインの音楽レコメンデーション)」というレコメンデーション・システムの開発へと発展しました。「MITメディアラボ」の論文テーマにも取り上げられた「HOMR」は口コミによる推奨行為の自動化がどのように人々の選択肢の検討に影響するかに注目したものでした。音楽から映画まで，幅広いポップ・カルチャーについての統計的で信頼性・予測性が高く，量的拡大も可能な口コミによる推奨情報は，企業にとって大きな魅力がありました。口コミ情報は

*3　音楽配信サービス「Spotify」によるおすすめの楽曲のプレイリスト配信サービス。

ハーバード大学でマーク・ザッカーバーグがFacebookをつくるよりもっと前からあったソーシャルメディアでした。

協調フィルターの技術はeコマースも発展させました。そして，eコマースはレコメンデーションの価値を高めたのです。このことにより，投資家たちはレコメンデーションに興味を示し始めました。「RINGO」および「HOMR」はMITメディアラボから生まれたベンチャー企業Agents, Inc.（エージェンツ・インク。1996年にFireflyに名称および事業変更）としてサービスを提供するに至りました。学術研究として始まったレコメンデーション・システムの開発は，脱工業化時代のデジタル・イノベーションや商業化を牽引するようになりました。

その証拠に，前述のレスニックおよびハル・ヴァリアン（のちにGoogleのチーフ・エコノミストとなる経済学者）は計算機学会（ACM）の1996年の学会および1997年の論文で，協調フィルターを「レコメンデーション・システム」と正式に名称変更したのです。これをきっかけに，「レコメンデーション・システム」という言葉が定着することとなりました。レコメンデーション・システムはソフトウェア・エージェントから，アドバイザーへとその役割を変えていきました。

ワールド・ワイド・ウェブのプロトコルに徹底的に対応していたFirefly（ファイヤーフライ）は，ウェブサイト・インターフェイスやオンラインCDショップ，映画のレコメンデーションを提供していました。加えて，ターゲティング広告や，

Yahoo!，アメリカの大手書店バーンズ・アンド・ノーブルスなどへのレコメンデーション技術のライセンス供与も展開していました（インターネットの歴史では，Yahoo!検索エンジンは1994年に，Yahoo!のライバルのアルタ・ビスタは1995年にサービスを開始したとされています。現在の検索エンジンの王者であるGoogleは1997年になってやっとドメイン登録をしたそうです）。

Fireflyはユーザー・プロフィールのプライバシー保護技術にも投資していましたが，1998年にMicrosoft社に買収され，その後まもなくMicrosoft社の認証プロトコル「Microsoft Passport」に統合されました。レコメンデーション・エンジンという大きな革新を切り開いたFirefly（英語でホタルの意味）でしたが，その名のごとく，その運命ははかないものでした。次第にFireflyは事業を縮小していきました。

反対に，「GroupLens」はその協調フィルタリングのプラットフォームを活用し，1996年にNetPerceptions Ltd（ネットパーセプション）という商用の協調フィルタリングを提供する法人を設立するまでに至りました。NetPerceptions社の設立当初の顧客には，野心的ながらも当時はまだ小さいインターネット書店であったAmazon.comも入っていました。「GroupLens」の協調フィルタリングは，Amazonのレコメンデーションの実験的事業を推進し，その後しばらくしてAmazonは顧客ごとにカスタマイズされた本のおすすめ情報や，あの有名な「この著者が好きな人におすすめの本（If you like this author）」というおすすめの本を紹介して本への気づきを広げてくれる機能の提供を開始しました。Amazonは創業時からすでに顧客の個別化を真摯にとらえていたのです。

Amazonの野心的な計画は，ミネソタ大学出身のNetPerceptions社の創設者たちに技術面での大きな難問を投げかけました。もともと研究用につくられた協調フィルタリングを頑健な生産システムにするというのは困難を極める作業でした。当初，Amazonユーザー向けにつくられた協調フィルタリングは設計時の想定ほどの処理速度が出ず，動きも鈍いものでした。ユーザー間の類似性を検出している相関エンジンは，かろうじて維持できていた状況でした。そこへきて，増え続けるAmazonユーザー数に対し，格付けされている商品数が追いつかないというスケーラビリティー（規模拡大）の問題が立ちはだかります。こうしたユーザー数と評価済み商品数とのバランスの乱れは，データのギャップを生じさせ，レコメンデーションの算出をより困難にしました。あるコンピューター・サイエンス研究家はこの問題について，「極度に情報が乏しいと，二人のユーザーの間でほとんど共通するレーティング評価が生まれない」と述べています。

こうした問題に直面し，NetPerceptions社はレコメンデーション・システムの前提条件に立ち返りました。「（レコメンデーション・システムの）性能に大きなブレイクスルーが起こりました」。元NetPerceptions社のソフトウェア・サイエンティストのブラッド・ミラーはビデオインタビューでそう発言しました。「私たちは，比較する対象をユーザーとユーザーではなく，アイテム同士にしたらどうだろうか，と考えたのです」。

ミラーは，「アイテム対アイテム」の比較について「多くの計算をオフラインで計算できる（アイテム同士の相関性をリアルタイムではなく事前に計算しておく）というメリットがある」としています。「それまでとはまったく異なる発想のモデルでした。なぜ今まで気づかなかったのかと落ち込みそうになったほどです」と彼は語っています。

AmazonとNetPerceptions社は，「アイテムベース」の類似性を検知するレコメンデーションのシステムが「ユーザーベース」のシステムに比べて確実に良質な結果を早く，より低コストに算出できることを発見しました。図らずも見つかったそのアイデアは，ユーザーの購入履歴を結合する代わりに，商品の購入に関する相関性を測定するというもので，Amazonの本のレコメンデーションを格段に向上させるきっかけとなりました。創業期のAmazonでレコメンデーション・エンジンの開発を手がけたグレッグ・リンデンは当時のことを自身のブログで次のように振り返っています。

「Amazonは『○○を買った人はこちらも買っています』という面白い機能で広く知られている。この機能は自分の買った

「アイテムベース」の類似性を検知する
レコメンデーションのシステムが
「ユーザーベース」のシステムに比べて
確実に良質な結果を早く,
より低コストに算出できることを
発見しました。

本に関連する本を見つける素晴らしい方法だ。Amazonの社内では，この機能は『シミラリティーズ（similarities, 類似性）』と呼ばれ，この機能を繰り返し使い一つの商品概要ページから別の商品の概要ページへと移動することを，『シミラリティー・サーフィン』と呼んでいる。＜中略＞初回版のシミラリティーズ機能は大変な人気があったが，問題もあった。その問題とはハリー・ポッター問題というものだ。そう，あのハリー・ポッター。ハリー・ポッターは空前のベストセラーで，子どもも大人も，まさに誰もが買っている。だから，何か本を1冊見つけて，その本の購入者全員が買ったほかの本を調べると，その結果はご想像の通り，ほとんど全員がハリー・ポッターを買っているということになる……」。

そしてリンデンはこのように続けています。

「こんな計算をするシミラリティーズのシステムはあまり役に立たない。（しかしその後）実験を繰り返し，よく作動する新しいシステムを開発した。そのシステムは，言わずもがなの提案ではなく，役に立って使い勝手のよいものだった。＜中略＞システムをAmazonのウェブサイトで実装すると，ジェフ・ベゾスが僕のオフィスに来て，本当に僕に向かって頭を下げた。彼はひざまずき，『君のような開発者は僕にはもったいないよ』と繰り返した。僕は何と返事をすればよいのかわからなかったし，今でもわからない。でも，そのときのことは僕の記憶に永遠に焼きついている」。

この光景はAmazonのレコメンデーション・エンジンの仕組みを伝えるうえでの「基礎知識」といえるでしょうか。おそらく少しはそうかもしれません。では，Amazonの将来的な成功に向けた，顧客対応のカスタマイゼーションやリアルタイムのレコメンデーション機能開発への創業者のコミットメントに関する重要な知見という意味ではどうでしょうか。これについては，大いにそうだといえます。ウェブサイトの歴史が始まった頃から，非常に野心的なネットビジネスの起業家たちはレコメンデーションの技術革新を優先事項として推進してきました。レーティングやレビューは確かに重要かもしれませんが，レーティングやレビューから引き出されるレコメンデーションは商品・サービスの差別化において大変強力な情報源となることがわかっています。ベゾスの強い個別化へのこだわりは，のちにNetflixのリード・ヘイスティングス，Facebookのマーク・ザッカーバーグ，LinkedInのリード・ホフマン，Stitch Fixのカトリーナ・レイク，Alibabaのジャック・マー，Airbnbのブライアン・チェスキー，Spotifyのダニエル・エクらIT企業の巨匠にも追随されることとなりました。まさに彼らも「似た者同士」なのかもしれません。

Amazonはくまなく口コミ情報を自動化させることで，顧客が商品を選択する際の情報を提供し，その意思決定に影響を与えてきました。このような自動化重視の戦略はあらゆる物事を変えました。実際に，Amazonはリンデンが「シミラリティー」の開発に成功する以前，有能な編集者の集団を雇い立ち上がったばかりのAmazonのサイトに何百本という本の書評を書くよう依頼していました。しかしプロの書いたレビューと，レコメンデーション・エンジンとの間でどちらがより多数の本の販売につながったかを試験したところ，編集者たちはレコメンデーション・エンジンにその座を譲り渡すこととなりました。相関性は評論よりももっとパーソナルで，予測性が高く，説得力があることが判明したのです（なお，書評に関してはのちに顧客に自らレビューを書いてもらうという手法が大きな反響を呼んでいます）。書籍のレビューは，その後のレコメンデーションの爆発的普及を予兆させるものでした。

リンデンはほかにも販売活動とユーザー体験を融合させたある顕著なイノベーションを開発しました。「僕はAmazonのサイト上のカートに入っている商品からおすすめ商品を見つけるという方法が大変気に入っていたのです」と後日彼は告白しています。「商品を二つカートに入れたら，何かのおすすめ商品が表示される。また二つ追加すると，今度はまた違うおすすめが出てくる。このような会計時におすすめ商品を提案するという手法は何も新しいことではありません。スーパーではレジの横にキャンディーみたいについカゴに入れてしまいたくなる商品が置いてありますよね。ホームセンターでも小さい工具などがレジのそばに陳列してあると思います。＜中略＞しかしAmazonでは，こうした衝動買いを顧客ごとに個別化したのです。さしずめ，スーパーのレジ横に置かれている陳列棚が僕のカゴのなかをのぞき込み，入っている商品に合わせて魔法のようにキャンディーを並べ替えてくれるというイメージです。『健康食品をお買い上げですか。それではそこのオーガニックのチョコレートを棚の一番上に置きましょう』とか，『ステーキ肉と炭酸飲料？　すぐにポテトチップスを上の棚に移します』といった感じです」。こうしてリンデンはすぐに試作品の制作に取り掛かりました。テストサイトのAmazon.comのショッピングカートのページで，ユーザーが追加購入したくなるような商品のおすすめが表示されるようにシステムを改良したのです。リンデンは社内でこのレコメンデーション・エンジンを実演して回りました。反応はおおむね好評でしたが，あるマーケティング担当の役員から反感を買ってしまいました。その役員の意見は「会計時に別の商品を推奨することは，ユーザーの注意をそらせ，本来買うはずのものの購入手続きが妨げられる」というものでした。商品の会計が進まなければビジネス上問題になるという主張をリンデンは尊重しました。しかし，そのことが彼を一層かき立てたのです。リンデンは当時の状況を思い出しこう切り出しました。「その時点で，プロジェクトの進行を止めるよう上から指示がありました。僕の開発した機能は導入する段階にないと言われたのです。本当はそこでプロジェクトを止めるべきだったのかもしれませんが，代わりに僕はオンラインでの試験運用に向けて準備を始めました。ショッピングカートのレコメンデーション・システムをあきらめきれなかったのです。そのため，僕は，システムの売上への効果を検証したいと考えました」。

Amazonでは，低コストでポテンシャルの高いプロジェクトの実験を拒むなど，文化的にも組織的にも考えられないことでした。ジェフ・ベゾスは「1年間に実施する実験数を倍にすれば，発明力も倍増する」と繰り返し発言していたといいます。リンデンの試験運用の結果は目を見張るものがありました。「試験が成功しただけではなく」リンデンは喜びに声を震わせながら言いました。「その成果は明白であり，ショッピングカートのレコメンデーションを導入しなければAmazonは明らかな損失を負いかねないという結論が出たのです。そうして浮上した危機意識から，Amazonのショッピングカートのレコメンデーション・エンジンが導入されたのです」。

この裏話はレコメンデーション技術の開発においてもう一つの重要なポイントを示しています。それは，「レコメンデーションの進化の原動力は，単なるデータの解析結果のみではなく，現実社会での実験である」という点です。データに基づいたレコメンデーションという文化は，実験的な文化であるともいえます。これは部分的には学術研究の精神を象徴していますが，もっと大きな意味では，デジタルなレコメンデーションの仕組みは現実社会での実験にほかならないことを示唆しています。実のところ，レコメンデーションは，関連性に基づいた仮説を提案しながらも，その瞬間に容赦なく実験しているようなものです。ユーザーはレコメンデーションが気にいるか，または拒否するか。デジタルな世界では，その答えを追跡することなど大したことではありません。

このことはまた，「選択肢の発見 vs 宣伝行為」という問題につながります。レコメンデーション・エンジンは利益を確保するうえで，どのように「ユーザーが必ず気にいる商品の宣伝」と「ユーザーにとっては未知でも，新たな発見を導く商品の提案」とのバランスを取ればよいのでしょうか。また，レコメンデーション・エンジンは，「商品を宣伝するタイミング」と「発見をうながすタイミング」の違いを学習できるのでしょうか。こうした宣伝と発見喚起の間の緊張感は，レコメンデーション・エンジンの設計や技術開発においてきわめて重要な点の一つです。

1997年に宅配レンタルDVDの事業を開始したNetflixは，低迷する業績を回復するためレコメンデーション・エンジンの実験と技術開発を活用しました。一般的に客はヒット作を見たがるため，同じ作品を繰り返しレンタルする人は少なく，Netflixの在庫の回転率は芳しくありませんでした。通常，DVDレンタルビジネスで利益を出すには1本のDVDにつき最低15～20回のレンタル（送料を含まず）が必要とされていますが，それを考えるとNetflixの宅配DVDレンタルは採算が合わないものでした。宅配DVDレンタル事業の収益性の悪さに気づいたNetflix共同設立者リード・ヘイスティングスは，事業のテコ入れを始めました。

ヘイスティングスはまず，サブスクリプション（定額）制を導入し，月額料金内で好きなだけDVDをレンタルできるというビジネスモデルで一時利用の客をリピーターに変えることに成功しました。その仕組みは，インターネット上のサイトで次に見たい作品を選ぶと，自宅にDVDが届き，そのDVDを返却すると次に見たい作品が送られてくるというものでした（この方法では，通常客が嫌がる延滞料も請求する必要がないため，競合であったブロックバスター社との差別化につながりました。Netflixは「延滞料なし」をPRしたことで，ブロックバスター社の市場シェアを奪ったのです）。

続いてヘイスティングスはさらに大きな改革を行いました。2000年代のはじめ，Netflixは「Cinematch（シネマッチ）」という映画のレコメンデーション・エンジンを導入しました。「Cinematch」は，ユーザーの興味を惹きそうな映画を提案する裏で，DVDの在庫調整をするという，DVDレンタルビジネスにとっては至って当たり前のことに対し付加価値をつけて一躍評判になりました。そう，「Cinematch」はNetflixの需供バランスの改善に貢献したのです。レコメンデーションは，ヘイスティングスの事業ビジョンを成功させるうえで必要不可欠なものでした。

「Cinematch」では，ユーザーがレーティングをつけた映画を類似するクラスター（集合体）別に分類します。そして，精巧なアルゴリズムでユーザーのプロフィールを組み合わせることにより，たとえば恋人同士で両者が楽しめるような映画のレコメンデーション生成を実現したのです。ユーザーはNetflixのウェブサイト上で独自に見たい映画のリストを作成したり，管理したりすることができます。「Cinematch」はユーザーがレンタルした映画のレーティング評価を学習して，レコメンデーションの質を向上させていきました。Netflixの製品開発バイスプレジデントのニール・ハントは2003年，カリフォルニア大学ロサンゼルス校（UCLA）のMBAの研究者からの質問を受け，「Netflixでレンタルされたdvdのうち，おおむね40～50%は何らかのCinematchのレコメンデーション・データを介している」と答えています。「ユーザーの好みについてのデータが多いほど，レコメンデーションはよくなる」とハントは述べています。

多様で個別化され，ヒット作にも頼らない「Cinematch」のレコメンデーションは，Netflixの在庫回転率を上げ，効率的な利益の確保に貢献しました。Netflixの在庫回転率は2,000作品の在庫に対し80%に達しました。さらには，なんとその40%が公開後1年以上経過している旧作であることがわかったのです。当時の一般的なレンタルビデオ店の回転率は10%でしたから，その差は疑う余地もありません。事実，「Cinematch」は「①ユーザーの需要喚起」「②ユーザー体験の改善」「③在庫回転率の向上」という三つを同時に実現するというトリプルプレーを一人で行い，その裏でユーザーについて勉強するという荒技をこなしていたのです。それはまさに「Win-Win-Win」のビジネスモデルでした。ブロックバスター社はレンタルDVD店であったのに対し，Netflixは信頼できるアドバイザーへと変身を遂げていきました。

しかし，上質なレコメンデーションの魅力にはまったのは一般客だけではありません。テレビ番組や映画のプロデューサーたちもレコメンデーションのとりこになったのです。アメリカのテクノロジー情報誌『WIRED（ワイヤード）』はこの傾向を取り上げ，「レコメンデーション・エンジンが魅了するのは，インディーズ映画のプロデューサーやハリウッドの映画製作会社など，通常マスメディアでの広告展開が難しくNetflixを宣伝活動に活用しているマイナーな映画の製作者だ。ハリウッド映画のスタジオのように新作を一方的に消費者に押しつけるというやり方と違い，Netflixはユーザーが気に入りそうなタイトルをコンピューターが提案する。Netflixの巨大な顧客ベースを考慮すれば，そのビジネスモデルがハリウッド映画のつくり方そのものを変えることさえあり得る」と報じています。

本や映画，音楽のインターネット販売の常識や体験を変えたレコメンデーション・エンジンが出始めた頃，別の新たなデジタル・プラットフォームも続々と登場しました。2000年に立ち上がったTripAdvisorをはじめ，LinkedIn（2002年開設）

やFacebook，Yelp（いずれも2004年に立ち上げ）がサービスを開始しました。2006年にはGoogleが16億ドルをかけてYouTubeを買収しています。これらのデジタル・プラットフォームはそれぞれにレコメンデーション・エンジンを中心に設計され，運用されているのです。仕事仲間，旅行，レストラン，ユーザー，友達など，爆発的に増えたユーザーの選択肢はレコメンデーション・エンジンへの投資に対する考え方を根本的に塗り替えました。そして思いがけず始まったある競争が，世界中のレコメンデーション技術開発者たちの間に新たな関心やドラマ，切迫感をもたらすこととなりました。

Netflix Prize

チャールズ・リンドバーグは，ニューヨークからパリまで無着陸で飛行した者に贈られたオルティーグ賞をきっかけに，1927年の有名な大西洋単独飛行に成功しました。人力飛行機の開発を奨励したクレーマー賞はゴッサマー・コンダー号のイギリス海峡横断を導きました。1994年に設立された有人ロケット開発コンテストのAnsari X-prize（アンサリ・エックスプライズ）は再生可能な宇宙船の商業開発を加速させたといわれています（その後，再生可能な宇宙船が実際に開発され，2004年のAnsari X-prizeを受賞しています）。挑戦精神をもっていたのは，2006年10月にレコメンデーション・システムの研究振興を目的としたアルゴリズム開発を競うコンテスト，

Netflix Prize（ネットフリックス・プライズ）を創設したヘイスティングスも例外ではありません。彼の意図はNetflixのレコメンデーション・エンジンの性能向上に加え，レコメンデーションというまったく新しい武器をきわめて，普及させることでした。

Netflix Prizeの実施にあたり，Netflixは，それまでには考えられなかった膨大なデータセットを公開しました。そのデータセットとは，ほぼ50万人に上るユーザーによる，7,000本の映画の５段階評価の１億件を超える評価結果でした。コンテストの課題は，ユーザーのレーティング評価を「Cinematch」よりも10％以上高く予測できるレコメンデーション・エンジンを開発した者に賞金100万ドル（約１億1,000万円）を与えるというものでした。Netflixはレコメンデーション・エンジンの性能が上がれば，ビジネスがあらゆる面で改善されると考えたのです。コンテスト形式のクラウドソーシングはレコメンデーションの技術促進には大変スマートなアイデアでした。

企業PRや技術振興としてもきわめて優れた取り組みであったNetflix Prizeは，世界中から何千人という研究者，業界関係者，起業家が参加し，ビッグデータや人々の行動分析に関するグローバルな対話やコラボレーションに大きな変革を巻き起こしました。

計算社会科学者のスコット・ページは，Netflix　Prizeの狙いを理解するためにあるたとえを用いて説明しています。「基本的にコンテストの課題は，ある巨大なスプレッドシートがあり，行にはユーザー，列には映画が割り当てられていると想像してみてください。すべてのユーザーが列に入力されている映画をすべてレーティングづけすれば，85億を超えるレーティング情報が得られるはずです。しかし実際にはわずか1億程度しかレーティング情報が入っていません。1億と聞けばかなりのデータ量のように感じますが，先ほどのスプレッドシートに置き換えれば，全体の1.2％ほどのセルしか埋まっていないということになります。つまり，そのスプレッドシートをExcelのアプリケーションで開いたら，空欄ばかりのシートが出てくるということです。コンピューター科学者はこれを疎《そ》なデータ（sparse data：スパース・データ）[*4]と呼びます」。

ページによると，Netflix Prizeのコンテストの参加条件は，こうした空欄を埋める予測アルゴリズムのモデルを開発するというものであったといいます。要は，ユーザーや映画の類似点をより革新的に測定できるような次世代の協調フィルターをつくるということです。そして，その協調フィルターが「好みの似ているユーザー同士が同じ映画に似たような格付けをしていること」，また「各ユーザーが同類の映画に対して似たような評価をつけていること」という前提条件をクリアしていなければなりません。

---

*4　前述のAmazonの初代レコメンデーション・エンジンの問題であったスパース性と同じ問題。

しかしページは，「メル・ブルックス監督作品の『スペースボール』は，コメディ映画の『フライングハイ』と（『スペースボール』のパロディの原題になっている）『スター・ウォーズ』のどちらにより似ているか，という話のように，ユーザー間や映画同士の類似性の特徴づけは簡単ではありません」と指摘しています。当初，参加者の開発した予測モデルの映画の類似性尺度は映画のジャンル（コメディ，ドラマ，アクションなど），興行収入，外部の格付け評価などを特徴量としていました。なかには，出演俳優（モーガン・フリーマンやウィル・スミスの主演映画など）や，「陰惨な死」「カー・チェイス」「セックス」のように映画のなかのシーンの種類を特徴量としたモデルもありました。その後，モデルには「映画の公開日からビデオ化までにかかった日数」「ユーザーのレンタル日数」も追加されました。参加者の間では，新たな特徴量や新発見の可能性のある相関性を見出し，試すことがコンテストの勝敗を分けるポイントになっていきました。

コンテストで優勝するためには，映画の最も重要な特徴量に関する知識に加え，「映画の類似性を見出すために利用可能な情報への気づき」「映画の特徴のコンピューター言語による表現手法に関する知識」「人々がどのように映画を格付けするかという心理学的モデル」「レーティング予測のためのアルゴリズムの開発技術」「多様な予測モデルを実用的に組み合わせる専門性」も求められました。優勝者はすべてにおいて創造力を発揮し，厳格な還元主義者でなければならなかったのです。

Netflix Prizeは，壮大な創造力のエネルギーを生むとともに，アルゴリズムに関する知見を創出しました。やがて開催1年目も終わりに近づいた頃，アメリカの通信会社AT&Tの研究チーム「BellKor（ベルコール）」が他社を抜いて優勝者となりました。その優れた予測モデルは映画1作品につき50の変数を処理し，「Cinematch」の性能を6.58％も改善したのです。そればかりか，彼らは50個の予測モデルを一つの巨大なアンサンブル学習としてブースティングすることで，改善率を8.43％まで引き上げることに成功しました。

アルゴリズムモデルの組み合わせというイノベーティブなアイデアで予測性を向上させることができると知り，「BellKor」は手強い競争相手と互いのアルゴリズムを連携させるという『ゲーム・オブ・スローンズ』的戦略に打って出ます。異種のモデル間の統合を簡便化したり，ユーザーの行動に関する視点を取り入れたりするため，複数のチームとアルゴリズムを組み合わせていきました。「BellKor」のブリコラージュのアイデアは正解でした。それからほぼ3年後，「BellKor」のコラボレーションチーム「Pragmatic Chaos（プラグマティック・カオス）」は，最後にライバル「Dinosaur Planet（ダイナソー・プラネット）」を振り切り，華々しく改善率10％を達成し，見事賞金100万ドルを手にしました。まさに「ゲームオーバー」です。「結構なドラマだった」。Netflixのニール・ハント最高プロダクト責任者（当時）は，次のように授賞式で感想を述べています。

> コンテストが始まったばかりの頃には，多くのチームが参加し，6%，7%，8%と改善率を伸ばしていったものの，その後は低迷していき，2年目に突入しました。長い期間ほとんど進展がないまま，「もう勝者は現れない」と諦め始めました。でも，参加チームのなかから素晴らしいアイデアが生まれてきたのです。もし互いのアプローチをもち合わせたなら，もっとよいモデルをつくれるかもしれないと。それは多くのチームに直感的ではなく響きました（頭のよい人二人に，「おい，君たちで答えを考えてくれないか」というのはよくある話ですから）。＜中略＞集まったチームのアルゴリズムがある方法で合わさったとき，「第二の激発」が始まりました。連携することで，チームはもっと，もっと，そしてもっと性能を上げていったのです。

こうしたチーム同士のコラボレーションは，データサイエンスの壁の高さを見せつけました。当初Netflixが思い描いていたような，従来のレコメンデーション・システムの問題を魔法のように直してくれるソリューションを探すという夢や期待は見事に打ち砕かれました。現実問題として，信頼性の高いレコメンデーションをつくるのは容易ではありません。人々が何を本当に欲しているかを予測する能力を高めるためには，人も機械もお互いから，そしてデータから学ぶという新しい手法を受け入れなければならないのです。

Netflix Prizeの成功は，データサイエンスの研究者やIT開発者を驚嘆させました。データセットを公開し，イノベーションを推進するためのコラボレーションを促進したNetflix Prizeは，データサイエンス分野のベストプラクティスとして語り継がれています。

実際に，Netflix Prizeの優勝者が決定した翌年，機械学習のコンテストプラットフォーム「Kaggle（カグル）」（2017年にGoogleが買収）が運用を開始しています。

また2007年には，アメリカの計算機学会（ACM）がレコメンデーション・システムに関する学術機関や企業などの研究成果を集結させる国際会議「RecSys（レクシス）」を立ち上げました。レコメンデーションはITのサブシステムの研究アプローチから，一つの独立した生態系へと移り変わっていきました。民間航空機の発展に寄与したリンドバーグの大西洋単独飛行のように，Netflix Prizeは企業におけるデジタル戦略を加速させ，その後のレコメンデーション・エンジンの刷新化を図ったのです。「Netflix Prizeはきわめて重要だった」と「GroupLens」の開発者ジョン・コンスタンは発言しています。彼はまた，「レコメンデーション・システム開発についての社会的認知を向上

人々が何を本当に欲しているかを
予測する能力を高めるためには,
人も機械もお互いから,
そしてデータから学ぶという新しい手法
を受け入れなければならないのです。

させただけではなく，優秀な機械学習やデータマイニングの研究者たちの関心を集めた」と加えています。

Netflix Prizeで得られた教訓も，のちのレコメンデーション技術の開発に非常に大きな影響を与えました。コンテストから５年後の2014年に行われた講演で，元Netflixのアルゴリズム開発者ザビエル・アマトリアインは仲間と一緒にレコメンデーション・システム開発の将来像を変えたコンテストの知見について次のように紹介しています。

- 内在的なフィードバックの重要性――クリック，閲覧，滞在時間など，ユーザー行動の測定基準は格付け評価に比べてデータの質が高く，より確実にとらえられることが判明。言うなれば，ユーザーの対応は格付け評価よりも多くを語る。内在的なフィードバックの計測方法の改善はレコメンデーション・システムの性能向上において必要不可欠である。
- 「評価点の予測（ある商品がどう格付けされるかを予測すること）」はレコメンデーション・システムの課題定義として不適切。ユーザーに合わせて評価を個別化する機械学習アルゴリズムの開発を目的とするアプローチのほうが，ユーザーに向けてよりよいアイテムを推奨できるシステムの開発につながる。技術的には機械学習された格付け評価はユーザー評価予測アルゴリズムと比較してより優れたレコメンデーションの組み合わせを生成できる。レコメンデーションのポートフォリオ管理をイメージするとわかりやすい。

- ユーザー・エンゲージメントを高めるためにはトレードオフのある「選択肢の発見」と「宣伝」とのバランスを保つことが重要。どのようにレコメンデーションを組み合わせればユーザーの興味をかき立てながら，新たな発見をうながすおすすめと「確実に気に入る」おすすめを両立させることができるのか。レコメンデーションには関連性とともに，多様性や新規性も重要である。
- レコメンデーションはユーザーやアイテムの相関性という二次元の問題のみならず，レコメンデーションを参照するタイミング（1日のうちの何時，または1週間のうちの何曜日におすすめを見るか）や場所などのコンテクスト（文脈）によって多面的な機会を提供する。こうしたコンテクストに基づくレコメンデーション・システムは研究活動においてより重要視され，大規模な投資がなされている。
- ユーザーはアイテムの選択の際，アイテム自体の評価に加えて自分の選択が自分の周りの人々にどう影響・関係するかを選択基準としている。この観点において，Facebook, LinkedIn, Gmailなどのソーシャルメディアはレコメンデーション・システムに必要なデータを得る優れた情報源である。ソーシャルメディアに付加されたレコメンデーション・システムはほかのプラットフォームのレコメンデーションにも強い影響を与える。たとえばNetflix Prizeの開催期間中，

Facebookユーザーは1,200万ユーザーから3億6,000万ユーザーに増えている。こうしたデータへのアクセスはスパース性の問題を大幅に軽減する。

- UX関連の透明性やアクセシビリティも重要。精巧なアルゴリズムでユーザーに合った最適なアイテムを推奨するだけでは不十分。推奨情報はユーザーが価値を感じることができ，かつ，使いやすい形式で表示しなければならない。
- 上記に関連して，推奨理由や合理性についても簡単に説明可能であることが求められる。推奨を説明することはユーザーの意思決定を容易にし，コンバージョン率や顧客満足度，システムに対する信頼性の向上につながる。説明の提示は理解を促進させるとともに，仮にユーザーが推奨内容を気に入らなかった場合でも，ユーザーがそれを許容するという「寛容さ」を育む。こうしたレコメンデーション・システムの説明をどのように自動生成・表示するかについては研究テーマとして大きな注目が集まっている。

シリコンバレーや上海で活躍する研究者や投資家によれば，Netflix Prizeのコンテストがデータ主導のレコメンデーション・エンジンやプラットフォーム，機械学習に及ぼした影響は計り知れなかったといいます。コンテストは一見奇妙な機械学習の理論を現実世界のコンテクストに当てはめてストレステスト（耐久試験）をさせたようなものでした。かつて逆張りで物議をかもした発見は，いつしか世間の通念になりました。Netflix Prizeはレコメンデーション・システムの開発者と起業家との革新的なコラボレーションを促進したのです。

しかし，皮肉にも（さらに意固地にも）Netflix はコンテストで優勝したレコメンデーションのアルゴリズムやシステムを最終的には「Cinematch」に起用することはありませんでした。コンテストの開催期間中に時代や技術が劇的に進展したため，当初の前提条件が崩れてしまったのです。コンテスト終了時には宅配DVDレンタルは衰退し，Netflixはオンデマンドで通信速度の速いクラウドコンピューティングの技術革新の追い風を受けてインターネットによる映画ストリーミング配信サービスを開始することとなりました。宅配DVDレンタルはユーザーには好評であったものの，コンテンツの提供方法やUX，コンテンツ入手までのスピード感がストリーミング配信とはまったく比べ物になりません。そのため，Netflixのレコメンデーション・システムをベースとしたビジネスモデルを成功に導いた「Cinematch」の精度改善基準や映画リストの管理といった前提は，時代に合わなくなっていたのです。「かくしてレコメンデーションの栄光は移りゆく」です。

「Netflixが宅配DVDレンタル事業を展開していた時代には，ユーザーが映画を評価することで思考のプロセスが表現されていた」と前述の元Netflixのアマトリアインは指摘しています。「ユーザーは数日後に見たい映画をCinematchのリストに加えます。そこには意思決定というコストと，あとから来る（DVDの）報酬が発生します。しかしストリーミングでは，その場で映画を再生することができ，（仮に）気に入らなければほかの映画に切り替えることができてしまいます。そのためユーザーは評価を明示することにメリットを感じず，労力もかけないのです」。

アマトリアインの見解には，彼のNetflix時代の同僚カルロス・ゴメス＝ウリベも次のように同調しています。「実験をしてみたところ，機械による評価の予測は，実際に映画を再生することに比べれば実はそれほど便利なものというわけではないという結果が出たのです。そのため，Netflixはレーティングやレーティング予測のみをターゲットにすることから，より複雑なアルゴリズムの生態系の開発へと移行していきました」。

「複雑なアルゴリズムの生態系」というと，「アルゴリズムの組み合わせ」のように聞こえます。では，レコメンデーションの質を上げるアルゴリズムの生態系，あるいは組み合わせは，一体どんなデータを処理しているのでしょうか。実は現在，Netflixはインターネットでユーザーの「一時停止・巻き戻し・早送りするタイミング」「コンテンツを視聴している曜日（Netflixの調査では，ユーザーは平日にテレビ番組を多く視聴し，映画は週末に取っておくという傾向が見られます）や日付・時間・場所（郵便番号）」「視聴機器」，そしてもちろん「レーティング評価」を監視しています。こうした行動を把握することは

DVDレンタルの時代では不可能でした。

デバイスを通じた動画コンテンツのストリーミングが可能になったことで，ユーザーの内在的なフィードバックの重要性が一層高まりました。Netflix Prizeのコンテストは，「Cinematch」を劇的に改善させるという狙いこそ達成できなかったものの，Netflixのビジネスをオンデマンドのデジタル動画コンテンツ配信プラットフォームで収益を上げるまでに成長させました。Netflix Prizeは将来的なレコメンデーション・エンジンの再構築に向けた明確で説得力のある事例をNetflixに提供したのです。

そればかりか，データ分析により顧客に関する豊富な情報（例：「どのおすすめ情報が一気見につながったか」というような情報）が得られるようになったことにより，Netflixはコンテンツのレコメンデーションに加えて，自社でコンテンツの制作も手がけるようになりました。レコメンデーション・エンジンはまさに一粒で二度おいしいのです。ユーザーが次に見る映画を選ぶのに役立つデータやアルゴリズムは，映画の製作者側にとって次にどんな映画をつくるかを決める手がかりになります。このように，レコメンデーション・エンジンはコンテンツの効果的な配信に加え，コンテンツ開発でも価値あるツールになります。

その証拠に，Netflixは2011年にイギリスのテレビ番組『ハウス・オブ・カード（邦題：野望の階段）』のアメリカ版の制作権利を米ケーブルテレビ局HBOや米映画館チェーンとも関連がある米テレビ局AMCをしのぐ高値で買い取りました。1億ドルを投資してオリジナルコンテンツの制作事業に乗り出すというNetflixの決断を支えたのは，レコメンデーション・エンジンに基づく分析結果でした。Netflixにとってレコメンデーション・エンジンはリスク管理ツールにもなっていたのです。ブログサイト「Kissmetrics（キスメトリックス）」によると，Netflixは終始，ユーザーの多くがFacebookをモデルにしたデビッド・フィンチャー監督（アメリカ版『ハウス・オブ・カード』の監督）の映画『ソーシャル・ネットワーク』を視聴していた事実を把握していました。そのため，フィンチャー監督作品がNetflixでヒットすると予測していたのです。加えて，Netflixは『ハウス・オブ・カード』のファンが，ケビン・スペイシー（アメリカ版『ハウス・オブ・カード』で主役を演じた俳優）の出演作，あるいは彼の出演作とフィンチャー監督作の両方を視聴していたことも理解していました。

要するに，レコメンデーション・エンジンはNetflixのコンテンツ制作において，どんなコンテンツがユーザーの関心やロイヤルティーを獲得し，制作予算をかけるに値するかを提案することができるのです。「消費者との直接的な接点があるNetflixは，ユーザーの見たい作品や，ある作品へのユーザーの関心度を把握することができます。そうすることで『ハウス・オブ・カード』のような作品が当たるという確度の高い予測が可能となります」とあるNetflixの役員は述べています。

優れたレコメンデーション・エンジンの甲斐あって，アメリカ版『ハウス・オブ・カード』は主演俳優のセクハラ騒動が取り沙汰されるまで，作品としても投資効果の面でも大成功を収めました。しかしNetflixのレコメンデーション・エンジンの真価はオリジナルコンテンツ制作のみに留まりません。同社はすべてのコンテンツ買い付けにおいて，レコメンデーション・エンジンの推奨情報を参照するようになったのです。「Netflixは最も効率のよいコンテンツを探しています」と前述の役員は発言しています。「ここでいう効率とは，１ドル使うごとに最大の満足度を得られるということ。Netflixのレコメンデーションでは複雑な指標がいろいろ使われていますが，これらはユーザーの満足度を調べることを企図しています。たとえば『マッドメン』と『サンズ・オブ・アナーキー』のどちらがよりユーザーの満足度を上げられるかというようなことを予測するのです」。

レコメンデーション・エンジンなしにこうした予測を立てるとすると，大部分を仮説に頼るしかありません。しかしNetflix の文化と投資が生み出したレコメンデーション・エンジンの技術を使えば，現実的で的確，さらに収益につながる助言を得られるのです。今では世界中のテレビ番組や映画のプロデューサー，ネットワーク，配給会社が意思決定においてNetflixのデータ分析結果を参照するようになりました。まさに，Netflixモデルはハリウッドとそのビジネスに大革命を起こしたのです。

一方，Google傘下のYouTubeも，レコメンデーションがUXや業績の成功に欠かせないと気づいた企業の一つでした。しかしYouTubeのビジネスモデルや求められるレコメンデーションの技術は，Netflixとはまったく異なるものでした。ユーザー利用料ではなく広告収入に依存し，ハリウッド映画とはみじんも似ていない動画を扱うYouTubeは，もともとレコメンデーションよりも検索エンジン開発に注力していました。しかしその戦略はすぐに方針転換を迫られました。検索ではユーザーや広告主のいずれも満足させることはできなかったのです。

YouTubeは当初，ケーブルテレビ局にならい，定額利用料金によるサブスクリプション制を導入しました。しかしユーザーあたりの平均試聴時間は変動せず，結果は奮いませんでした。

2010年開催の「RecSys」で発表されたある論文は，当時のYouTubeのレコメンデーション・エンジン（アイテム同士を対比させるAmazonのレコメンデーション・エンジンによく似たシステム）が直面したNetflixとは別の問題について，次のように説明しています。「YouTubeでユーザーの関心が高く，自分に関連性がある動画を推奨することには独特の課題があった。個人のユーザーの動画にはほとんどメタデータがついておらず，あっても非常に質が悪い。映像コーパス（テキストデータの集成体）もユーザーの数ほどに存在する。また，YouTubeに掲載される動画は大半が尺の短い10分以下のものである。そのため，ユーザーの反応も比較的短いうえ，内容がはっきりしないものも多く，＜中略＞Netflixや Amazonのようにレンタルや購入手続きといった明確な意思表示がない。加えて，面白い動画はアップロードから数日間のうちにネットで話題になるという特性からYouTubeコンテンツはライフサイクルが短く，常に鮮度のよい推奨が求められる」。

YouTubeの初期のレコメンデーション・エンジンは，ユーザーの重みづけされた明示的および内在的なフィードバックの組み合わせに依存していました。YouTubeはこのことについて次のように説明しています。「ユーザーごとに個別化されたレコメンデーションの生成にあたり，YouTubeでは，アップロードされた動画を『視聴した動画（ユーザーが一定時間再生した動画）』や『お気に入り動画』『レーティング評価した動画』『プレイリストに追加した動画』というように，関連動画のアソシエーションルールと特定のユーザーのウェブサイト上の行動と組み合わせて分類しています。そして，そうした動画（ユーザーの視聴済み動画やお気に入り動画など）に対して，それぞれのユーザーの好みや要望に合った別の動画を質によって格付けをし，多様性を高めるためにフィルタリングし，推奨として提示するのです」。

またYouTubeは，ユーザー・エンゲージメントの向上を目的に，2010～2011年度に重要経営指標（KPI）として動画の「視聴回数」を設定しました。より多くのユーザーにもっと頻繁に動画を見てもらおうとしたのです。そしてその指標を達成するため，YouTubeはひそかにGoogleの最新の機械学習システム「Sibyl（シビル）」を自社のレコメンデーション・エンジンに導入し，動画の再生クリック数の最大化を図ったのです。（ユーザーが動画をクリックする回数を増やすことで）CTR（広告のクリック率）を上げることはYouTubeの最適化戦略の中心的なコンセプトでした。

おそらくYouTubeによる「Sibyl」の導入は，当時の業界において最も重要な機械学習のレコメンデーション・エンジンへの応用事例であったといえます。ある簡易調査によると，その後YouTubeのレコメンデーション・エンジンはすぐに驚くべき結果を出したことが判明しています。視聴回数は急増し，ユーザー数も視聴動画数も拡大しました。数字は見事な結果を示していました。

しかし，これには落とし穴がありました。「Sibyl」はYouTubeのレコメンデーション・エンジンを「クリックベイト」モンスターへと仕立て上げていたのです。「私たちは視聴回数にこだわりすぎていたのです」とYouTubeのエンジニアリング・ディレクターのクリストス・グッドロウは弁明しています。「Sibylの導入当初は，YouTubeユーザーも大幅に増え，私たちも満足していました。しかしユーザーの視聴セッションを検証したところ，動画の再生回数は増えていましたが，その内容はユーザーにとって最低の体験であったことがわかったのです」。YouTubeのレコメンデーション・エンジンは，ユーザー主体ではなく自分に都合のよいおすすめを提案していました。それは病的ともいえるほどYouTubeの狙いに反した行為でした。

YouTubeのアルゴリズムはユーザーにとって本当におすすめの動画や関連性の高い動画を提示する代わりに，ユーザーのクリック数を増やすために最適な動画を推奨していました。「ボクシングの試合の動画を検索しているセッションを検証していたときです。検索画面の上部には一見ボクシングの試合のような動画が表示されました。サムネイルも説得力がありました。しかし動画をクリックした先では試合ではなく誰かが試合を解説している動画が流れるのです。ユーザーは30秒ほど再生し，それが実際の試合の動画ではないことに気がつくことになります」とグッドロウは述べています。いらだったユーザーが次々に動画をクリックしようとすればするほど視聴回数は増え，それがYouTubeにとっては業績が好調だと解釈されていたのです。まったく本末転倒な話ですね。

「YouTubeのレコメンデーション・エンジンは製品やサービスを宣伝し，ビジネスを期待する方向に向かわせるためのロケット発射台を手に入れるようなものでした。そのスピード感もかなり速いものでした」とグッドロウは述べています。「ですから，正しい方向に向かうように使わなければ，すぐに道を踏み外してしまい，誤った方向に進んでしまうことになります」。その言葉通りのことがYouTubeに起きました。

2012年の初め，YouTubeは経営指標の見直しを図りました。視聴回数ではなく視聴時間を測定するようアルゴリズムを設計し直したのです。従来の設計では，ユーザーの視聴状況は上限30秒間しか追跡していませんでしたが，変更後のシステムでは追跡時間を最大2～3分に引き伸ばしました。「ユーザーの視聴時間を延長し，クリック回数を減らすということを目標に設定することにしました。そうすることでユーザーはより少ないクリック数で見たい動画を見つけられるようになり，利便性が上がるのです」とグッドロウは説明しています。現在のYouTubeの機械学習システムは，レコメンデーション・エンジンにユーザーの視聴時間を把握させ，視聴時間を最大化する動画を提案できるよう学習させています。この仕組みは今でこそ上手くいっていますが，それまでの道のりは大きな痛みをともなうものでした。

YouTubeのユーザー数は一時28%も減少し，その後ほぼ1年間伸び悩むこととなりました。さらに不必要な動画再生やユーザーにとって関連性のない動画表示といった，クリックベイトのレコメンデーション・エンジンの問題点を改善するのに数カ月を要しました。しかしこうした取り組みの結果，モバイル端末を通じたYouTubeの１ユーザーあたりの平均視聴セッション数は50％以上（時間にすると１ユーザーあたり40分間以上）に急増しました。つまりモバイル端末でのYouTubeの平均視聴時間が従来から２倍になったというわけです。そしてその後３年間，YouTubeの視聴時間は年間50％ずつ伸び続けたそうです。

「私たちの目標は至高のレコメンデーション・システムをつくることです」。YouTubeにおけるレコメンデーション・エンジンの改善の経緯についてグッドロウはそう訴えました。「そのためにはユーザーがYouTubeで見られるとは想像していなかったような動画を探せる方法を考える必要があります。それをどのようにうまくできるのかはまだわかっていません。しかし目指す方向はそこです。ユーザーの手間をかけることなく，ユーザーが気に入る動画を推奨できるプラットフォームをいかにつくり上げるかなのです」。

究極の目的達成に近づくため，YouTubeはその後すぐに機械学習プラットフォーム「Google Brain（グーグル・ブレイン）」を導入しました。歴史的に，レコメンデーションを構築するための適切な判断基準を見出すことはビジネス面や技術面の課題でした。1995年創設のオンライン恋愛マッチングサイトMatch.com（マッチ・ドット・コム）の事例を見てみましょう。同社では，経営陣がレコメンデーション・エンジンの重要性に気づくまでに10年以上かかりました。2008年にMatch.

comの代表取締役副社長兼北米事業ゼネラルマネージャーに就任したマンディー・ギンズバーグは，就任後すぐにMatch.comの古いマッチング・アルゴリズムを見直すため専門の分析チームを立ち上げました。

Match.comの入社前，ギンズバーグはサプライチェーン管理ソフトウェア開発で定評のある企業i2に勤務していました。彼女はMatch.comに入ると，古巣から社員を引き抜きました。「人が惹かれ合う予測モデルをつくるという超難問を解くために力になってくれそうな人材を大勢連れてきました」とギンズバーグはのちに告白しています。

ギンズバーグが引き抜いた一人は，インド工科大学卒の化学エンジニアで，Match.comの戦略分析担当バイスプレジデントに就任したアマナス・ソンブレでした。彼は英経済紙フィナンシャル・タイムズからMatch.comへの転職について聞かれると，「私が知っていることが一つあるとすれば，それは数字と分析です。だからMatch.comで数字を分析するチームをつくりました。データの分析とは単に供給と需要の問題なのです。数字の指し示している問題が何であれ，その原則は同じです」と答えました。

しかし事実はそうではありません。Match.comのレコメンデーション・エンジンはのちにNetflixやYouTubeとは別の問題に突き当たります。それは同社のシステムに求められた，「相互関係の明示的な受け入れ，および評価」という問題でした。これについてソンブレは，「（たとえば映画のレコメンデーション・エンジンの場合，）あなたが『ゴッドファーザー』という作品を好んだとしても，作品側があなたを気に入る必要はありません。推奨情報を相互にマッチングさせるという命題は，レコメンデーション・エンジンの設計要件を10倍も複雑にします」と指摘しています。

この複雑性は，アルゴリズムやコンピューター技術に新たな転機を与えました。ソンブレの分析チームが発足する以前のMatch.comのシステムは，「ユーザーが自分で設定した条件に合った相手を探す」というものでした。しかし，これにはある問題がありました。その問題について，ソンブレは次のように解説しています。「データ分析により，“人の考えと行動の不一致”という問題点が見えてきました。ユーザーは自分でプロフィールに書いた条件とは実際にはかなり違った選択をしていたのです。ユーザーの行動はプロフィールの情報と矛盾することがよくあることがわかり，私たちはユーザーの行動に注目することにしました」。

Match.comは，ユーザーに関して「タバコを吸う」「タバコを吸う人とつき合える」「運動」「体重」「子ども好き」など約1,500の条件について重み付けや測定値に基づいた標準化を行いました。その結果を相互相関分析し，さらに別のユーザーの結果と比較して「相互作用」というデータの組み合わせを生成します。この「相互作用」を，共通特性に対する許容応力として点数化するのです。

こうした「共通特性許容応力」はいわゆるYouTubeの視聴時間やAmazonの「この商品を買った人は……」のアイテム対アイテムの推奨をMatch.com版に置き換えたもので，将来の交際相手候補との適合性や恋愛についての助言を提示します。Match.comはOKCupidやTinderといったほかのオンライン恋愛マッチングサービスも傘下にもち，これまでに数多くのカップル成立を支援してきました。ある学術的な社会科学研究では，こうしたオンラインサービスは交際関係のきっかけや結婚の成立，結婚生活の持続性を大きく変えたことが示唆されています。

2013年に実施されたシカゴ大学の調査によると，アメリカで2005～2012年に結婚したカップルのうち，インターネットを通じて知り合ったカップルは実に3分の1以上に上り，さらにインターネットがきっかけで交際したカップルは別の方法で出会ったカップルに比べて一般的に結婚生活がより長く持続し，結婚への満足度も高いと回答していることがわかっています。調査論文の筆頭著者はこのことについて，「調査結果はインターネットが結婚のダイナミクスや予測そのものを変えていると思われる」とコメントしています。

ここで言いたいのは，レコメンデーション・エンジンが結婚にどんな影響や効果を与えるかではありません。重要なのは，普及し続けるレコメンデーション・エンジンが，システム自体の価値のみならず，自らが推奨する物，そして人の価値まで高めているということです。今となってはレコメンデーション・エンジンを抜きに，本や音楽，映画，出会いを語ることは難しく，一般的ではなくなってきています。

逆にいえば，レコメンデーション・エンジンの提案を受けずに本や音楽，映画，出会いを楽しむということはますますまれになってきているということなのかもしれません。情報ではなく推奨こそ，現代における発見や偶然の出会い，自己肯定の「ニュー・ノーマル（新常態）」なのです。

機械学習やAIのアルゴリズムがかつてないほどに巨大できめ細かいデータセットと混ざり合い，ともに進化を繰り返してしていけば，これまでにも増して機敏で質がよく，賢くて説得力のあるレコメンデーションの算出が可能になります。それらは私たちにとって「明らかな」なるほどやひらめきとなることでしょう。

「Google Brain」とYouTubeの共進化の歩みはそれをよく表しています。2010年を皮切りに，機械学習とAIアルゴリズムは徐々に検索エンジンやレコメンデーション・エンジンの必須技術として浸透しています。テクノロジー分野のジャーナリスト，スティーブ・レヴィーはこうしたレコメンデーション・エンジンのトランスフォーメーションについて，2016年の『ワイヤード』誌に「Googleはいかに機械学習ファーストな企業に変身したか」と題した記事を執筆しています。

普及し続けるレコメンデーション・
エンジンが，システム自体の価値のみ
ならず，自らが推奨する物，そして
人の価値まで高めているということです。

「以前は機械学習を特定のシステムのサブコンポーネントとして使用していました」と記事中で取材を受けたGoogleのエンジニア部門トップ，ジェフ・ディーンは言及しています。「今では機械学習を，個別のシステムに対して導入するというよりは，システム全体を置き換えるものとして応用しています」。

Googleと同じように，Facebook，Amazon，Alibaba，Microsoft，そして もちろんNetflixも，機械学習をレコメンデーション・エンジンに取り入れています。しかし，機械学習を活用して，これまでになくスマートなリアルタイムのレコメンデーションを算出できる検索エンジンを開発するというGoogleの明確で変革的なコミットメントは，注目に値します。

YouTubeは，「Google Brain」の教師なし学習を応用することで，本来のプログラミング手法から明らかに逸脱しているパターンやコンテクストを検出することができるようになりました。「(Google Brainが)できる重要なことの一つは“一般化”です」。YouTubeの技術部門トップのジム・マクファデンは2017年末の『The Verge(ザ・ヴァージ)』*5の取材にそう答えています。「以前のシステムなら，あるコメディアンの動画を見ているとき，それとまったく同じ動画を提案します。しかしGoogle Brainのモデルは，そのコメディアンと似ているが完全に同一ではないものを探し出すといった，今までよりも

*5 アメリカの技術系オンラインメディア。

さらに緊密な隣接関係を見出します。つまり，Google Brainは隠されたパターンを発見することができるのです」。

また「Google Brain」は，モバイルアプリ用には短い動画を，YouTube TVアプリ用には長い動画を推奨することを覚えました。「Google Brain」は正確に（といっても計算上ですが），視聴環境に合わせて推奨する動画の時間を長くすれば視聴時間を延長させることができることを推測したのです。YouTubeは2016年，こうした「Google Brain」をヒントにした190の変更点をシステムに加え，さらにその倍にあたる修正を2017年に実施しています。「現実的には，時間の経過とともにおびただしい数の小さな改善を積み重ねてきたようなもの」。前述の『The Verge』の記事に登場したYouTubeのディスカバリーチームのグループプロダクト・マネージャー，トッド・デュプレはそう説明しました。「一つ改善案を開発するために，10個くらいのテストを行い，採用されるのはそのうちの一つです」と彼は指摘しています。もっと驚くことに，レコメンデーションの算出速度もこれまでにないくらいに高速になっているのです。かつては数日間もかかったユーザー・フィードバックの反映も，たった数分でできるようになっています。

同記事では，YouTubeの全視聴時間のうち70%以上がYouTubeのアルゴリズムによるレコメンデーション・エンジンによって促進されていることが紹介されています。さらにYouTubeサイトにおけるユーザーの視聴時間は3年前と比べて20倍にも膨れ上がっているそうです。「Google Brain」はYouTubeの「選択肢の発見 vs 宣伝行為」のパラダイムと実践を完全に変えました。

YouTubeのレコメンデーションの技術について，同じく『The Verge』に寄稿しているケイシー・ニュートンは次のように表現しています。「僕が抱いていた疑問への答えを探しにYouTubeのサイトを閲覧してみたら，そこはGoogle Brainを応用したレコメンデーションの宇宙だった」。

何かを見つけたり，自己発見したりする感覚は素晴らしいものです。しかしそれこそがまさに，次々と改善を重ねるレコメンデーション・エンジンが生み出そうとしているものなのです。この章で述べているレコメンデーションの歴史的な歩みがこれほどまでに印象深いのは，それがレコメンデーションの文化や技術の急発展を説き伏せているからではなく，そうしたレコメンデーション・エンジンの成功が，過去の神話やミステリーを思い起こさせるからではないでしょうか。

本書のような本が書かれている一方で，実はコンピューター科学の研究者，認知心理学者，神経生理学者，ひいては機械学習の専門家でさえも，「Google Brain」のようなディープラーニングのアルゴリズムが機能する仕組みを正確に理解していません。ディープラーニングの組み合わせがどのように新しい提案や偶然の発見をうながすレコメンデーションを生成するのかは解明されていないのです。古代ギリシャのストア派や古代のバビロニア人がうなずきそうな皮肉な話ですが，今日世界に存在する最も優れたレコメンデーション・エンジンは，デジタルな占いといってもよいのかもしれません。ディープラーニングのレコメンデーション・エンジンによる「マトリックス化されたたくらみ」を理解することは，人間の脳と意識の神秘を解き明かすことと同じくらい難しいのです。

第4章

レコメンデーション・エンジンの仕組み

皮肉屋として知られた作家オスカー・ワイルドは，「皮肉屋とは，あらゆる物の値段を知っているが，何ものの値打ちも知らない人間のことである」という言葉を残しています。対照的に，すべての物の価格を知り，さらにその価値を予測することもできるレコメンデーション・エンジンは，計算的な楽観主義者です。性能のよいレコメンデーション・エンジンはユーザーを電子的によく知ろうとするよう設計されています。ユーザーがどんなものを好むかを勉強するようにつくられているのです。

さらに厳密に言うと，レコメンデーション・エンジンは自動計算に基づき複数ある選択肢のなかからユーザーが気に入るものを予測し優先順位をつけるとともに，そのなかから最も気に入るものを表示するという「ユーティリティ関数」を推計します。本章では，レコメンデーション・エンジンが動く仕組みや，なぜそのように動くのかについて触れていきます。

基本的に，レコメンデーション・エンジンは関係性を計算します。ここでいう関係性とは，「人」「価格」「購入履歴」「選好」「性格」「アイテム」「画像」「アーティスト」「特性」「特徴」「メタデータ」「メロディー」「格付け」「レーティング」「人材」「クリック」「スワイプ」「タップ」「タグ」「テキスト」「場所」「ある出来事の瞬間」「１日のなかの時間」などの間に存在する関係性のことで，私たちが物事を選択するための基準や手助けになるものです。こうした関係性は，選択に特徴や文脈を与える本質的なパターンや特性，類似点をとらえて計算します。レコメンデーション・エンジンは，ユーザーが魅力的で具体的で実行可能な選択肢を得られたときに初めてその成果を発揮し，ユーザーが関心を示さない提案や，ユーザーの選択に影響を及ぼさない提案をすれば，そのレコメンデーション・エンジンは失敗作ということになります。

そのため，ユーザーが無視するような推奨（選択肢）は，ユーザーが受け入れた推奨と同じだけ予測に関するいろいろなことを教えてくれます。ユーザーが選んだすべての選択肢（または選ばなかった選択肢）は有益で利用可能なデータなのです。ユーザーの選択はレコメンデーション・エンジンの選択機能の向上に役立ちます。Alibaba，Amazon，Booking.com，Facebook，Quora，LinkedIn，Instagram，Netflix，YouTube，Pinterest，Spotify，TikTok，Stitch Fix[*1]など，

[*1] 米国発の洋服サブスクリプションサービス。

世界有数のIT企業が今，レコメンデーション・エンジンを活用してユーザーの選択を追跡し学習しようと切磋琢磨しています。そうした企業のソフトウェアやシステムは，ユーザーがその瞬間や状況で次に欲しいと思う商品，そしておそらくそれ以上の何かを予測することを目的に推論や洞察を引き出すように設計されているのです。

その意味において，レコメンデーション・エンジンは機械学習の継続的な進化を反映・助長しているといえます。機械学習のシステムに選択肢の提供や格付け，および最適化を学習させるために有益となるあらゆるデータセット，アルゴリズム，プログラムは，レコメンデーション・エンジンに組み入れることが可能です。レコメンデーション・エンジンは物事を推奨するだけではなく，推奨事項のカスタマイズや個別化，コンテクスト化を行うことができます。そして，よりユーザーに関連性のあるおすすめを提供できるよう精度を高めようと学習していきます。機械学習はその膨大なアルゴリズムの多様性のなかで，よりスマートな個別化と推薦の実現に向けた重要な道筋を示しているのです。ですから，レコメンデレーション・エンジンの未来を理解するには，機械学習の未来を理解しなければなりません。

ここではデータが鍵を握ります。より良質なデータ（ユーザーに関する情報と，ユーザーに向けた情報）があれば，よりよい推奨が生成されることになります。データには離散的でカテゴリカルなもの（「はい／いいえ」「ある／ない」「赤／青／緑」といった値のみで測定基準がないデータ）や，連続的で加工していない数値的尺度に基づいたデータ（温度，時間，高さ，重量，コストなど）さまざまな形態があります。異なる多様な種類のデータは，レコメンデーション・エンジンの関係性の分類，集合化，格付け，予測を行うアルゴリズムの組み合わせに情報を付与・補充します。こうしたアルゴリズムの組み合わせが文脈上適切な類似性や思いもかけない潜在的な類似性を定義し，決定づけることで，ユーザーにとって魅力的な推奨が提示されるのです。

レコメンデーション・エンジンの設計では，「ユーザー」「アイテム」「ユーザー・アイテム間の相互作用」の三つのコアなデータソースが欠かせません。当然のことながら「ユーザー」は動画や音楽，本，グルメ，友達，メッセージで使う絵文字，アドバイスなどの情報や，商品およびサービスを探している人々を指します。こうした「ユーザー」に向け，レコメンデーション・エンジンはおすすめ情報を評価し，格付けし，最適化します。「ユーザーデータ」はプロフィール，選好，個別化に関する情報すべてです。レコメンデーション・エンジンは，こうした情報からユーザーの特性や性格，選択肢をとらえ，整理・定量化します。

一方「アイテム」は，動画や楽曲，話題，本，旅行，レストラン，仕事，画像，洋服など，レコメンデーション・エンジンが推奨する特定の物や主題，経験です。

そして，それらの物などの特徴や魅力を象徴する素質，機能，属性といった要素が「アイテムデータ」です。映画でいえば「アクション」や「アニメ」「恋愛コメディー」，音楽であれば「悲しさ」「アップテンポ」「ヒット曲」，ホテルなら「高級」「ビジネス」「シティーホテル」といったところでしょうか。より確かなレコメンデーションを得るためには，こうした「アイテム」をどのように分類・カテゴリー分けし，ラベルやタグをつければよいのでしょうか。ただ単に「アイテム」の要素をかき集めただけではレコメンデーションは算出できません。

「相互作用」は「ユーザー」が「アイテム」に出合うたびに起こります。このときにユーザーが感じた「相互作用」の価値や有用性がレコメンデーション・エンジンの提案内容や理由を決定します。「何かとマッチするものはあったか」「(ユーザーは)クリック，スワイプ，または購入手続きをしたか」など，「相互作用」は，一般的に明示的なものと暗黙的なものに分けられます。「明示的な相互作用」とは，ユーザーの「レーティング評価」「格付け」「レビュー」といったアクションを起こそうという意図的な意思決定の表れで，Facebookの「いいね」やAmazonの星やレビューなどはアイテムの有用性に対するユーザーの評価を明示的に表現したものとしてわかりやすい例です。そうした行動をとることで，ユーザーはアイテムに対する嗜好や親和性を明確に宣言しているのです。

これに対し「暗黙的な相互作用」は，ユーザーの行動をとらえたものです。第3章でお話ししたYouTubeの事例でいえば，クリック数の追跡や動画視聴時間の測定は「暗黙的な相互作用」となります。「スワイプ」「タップ」「ストローク」「(サイトの)滞在時間」など，オンラインでの相互作用の記録はユーザーの好みに関するデータに基づいた有益な仮説(例：ユーザーは長時間視聴した動画に「いいね」をクリックする)を導き出すことができます。暗黙的な行動はデジタル技術を用いれば比較的簡単に測定できるため，データサイエンスの世界では明示的なレーティング評価よりもレコメンデーション生成における有用性が高いとされています。統計上も，相互作用はレーティングよりも説得力があります。

暗黙的な相互作用には，最初のうちは誤って解釈されてしまうものがあります。たとえば，ユーザーのある相互作用によって提案されたプレイリストなのに，そのユーザーが聴いているような曲が1曲も入っていなかった，といったことです。しかし時間の経過や訓練とともに，レコメンデーション・エンジンはどんな行動がそのユーザーの好みを予測できるかを覚えます。このようにレコメンデーション・エンジンはユーザーの行動の暗黙的な意味に特に気を配りながら設計・開発されているのです。

「ユーザー」「アイテム」「相互作用」という三つのデータソースについて，その特性や要素，属性を照合すると，レコメンデーションをつくるデータセットができます。Netflixの動画や視聴者，視聴回数，あるいはAmazonの商品やユーザーに関する情報，Facebookユーザーの家族や「友達」「フォロワー」との相互作用やエンゲージメントなど，レコメンデーション・エンジンの扱うデータやメタデータが多いほど，より具体的で説得力のあるレコメンデーションが算出されます。ここではオスカー・ワイルドの皮肉は当てはまりません。効果的なレコメンデーション・エンジンは物の値段がいくらかではなく，そのユーザーに合っているかを判断します。ユーザーが何に価値を感じているのかを学ぶことで，ユーザーからより多くのことを引き出そうというのがレコメンデーション・エンジンの狙いです。

アルゴリズムはデータからユーザーにとって最も興味深い相関性や共起性を検出・計算し，格付けを行うことで，データを適切なレコメンデーションへと変換します。通常，レコメンデーション・エンジンのアルゴリズムは，「ユーザー」「アイテム」「相互作用」の結び付きから「予測」と「選択」という二つの重要な項目を計算します。つまり，ユーザーの評価の予測と適切なアイテムの選択を行うのです。

評価の予測は，顕在的にユーザーの好みに合ったアイテムに点数付け（レーティング）を行うものです。一方，アイテムの選択では，レーティングをほかのデータの選択基準と組み合わせ，アイテムのレコメンデーションを分類・格付けします。たとえば，「この近くでランチができるレストランや買い物をするお店」のおすすめといっても，おすすめを提案する時間や場所などの文脈によってその内容は変わってきます。

レコメンデーション・エンジンは使われるほどに，予測と選択アルゴリズムの計算結果をより確実に結びつけたり組み合わせたりして新しい洞察をつくっていきます。そうして生成されたレコメンデーションもまた，新たなデータソースになります。優れたレコメンデーション・エンジンは学習の好循環をうながします。自らが創り出すデータそのものを糧にして，自分を強化していくのです。

評価の予測やアイテムの選択に使われる明示的・暗黙的データはすべて定量化されます。このことについて，オンライン恋愛マッチングサイト「OkCupid（オーケーキューピッド）」の共同創業者のクリスチャン・ラダーは著書『ビッグデータの残酷な現実』（2014年，邦訳：2016年，ダイヤモンド社）で次のように記しています。

> アルゴリズムは数値化されていないものはあまりよく計算できないため，何かアイデアを理解させようとするときには極力それを数字に落とし込むことが必要だ。したがって，ウェブサイトやアプリ（およびレコメンデーション・エンジン）の課題は，いかにユーザーに気づかれないように本人の経験の連続体を切り刻み，「バケツ1」「バケツ2」「バケツ3」といったように分類して詰め込む

アルゴリズムはデータからユーザーにとって最も興味深い相関性や共起性を検出・計算し，格付けを行うことで，データを適切なレコメンデーションへと変換します。

かということになる。それは広大な，言葉で表現するのが難しいプロセス（たとえば，Facebookの「お友達」申請，Redditの「コミュニティー」作成，恋愛マッチングサイトの「交際相手探し」）を，サーバーが処理できるように分割するようなものだ。同時に，ユーザーがレコメンデーションを現実的なものと感じられるよう，彼らの経験の何ともいえない魅力をできるだけ留保しなければならない。

「ユーザーの経験を切り刻んで，分類する」ことと，「経験の魅力を留保する」ことをバランスよく行うためには，定量化を人間らしく行うことと，人間の定量化が求められます。映画のレーティング評価や本のインターネットでのレビューからはユーザーを知る具体的なデータを得ることができ，一方，年齢，性別，住所，１日のうちのインターネットの利用時間，靴のサイズなどは簡単に定量化できます。こういったユーザーの現時点での嗜好を用いることで，将来的なユーザー・ニーズの推論や洞察の計算が可能となります。

一般的に，レコメンデーション・エンジンのアルゴリズムは定量化されたデータを分類または回帰分析します。分類アルゴリズムはあるデータ点がどの階級・分類に属するかを予測します。たとえば，「男性／女性」「高級／ビジネス／ファミリー」「安い／普通／高い」「色」「顧客感情」などです。

これに対し，回帰分析アルゴリズムは，データをばらばらのカテゴリーに分類するのではなく，データを用いて連続した結果を予測するというものです。回帰分析アルゴリズムでは，計算結果はグループ分けされず，「購買傾向」「分数」のように数量で示されます。

「明日は雨が降るか」という質問に対して，分類アルゴリズムは「はい／いいえ」で答えますが，回帰分析アルゴリズムは降水量を予測します。レコメンデーション・エンジンに置き換えれば，前者はおすすめの楽曲名を決定し，後者はその楽曲の再生時間の予測値を計算するという感じです。この「分類分け」と「回帰分析」を足し合わせたものが，予測の個別化の実装イメージです。

類似性の比較

こうした予測の個別化に対する感度は，類似性を探すというレコメンデーション・エンジンの「みそ」の部分です。定義に幅があるものの，類似性は「あなたのような人におすすめの□□」や「○○を買った人は△△も買っています」などのようなデータに基づくダイナミックな推奨情報や提案を生み出す検討材料であるとともに，それらを利用したり，それらに対する説明を提供したりします。一見あいまいなデータのパターンは，突如説得力のある情報になるのです。望ましいアイテムがもつ共通の要素・特性は何か。どんな類似性のクラスターやクラスが最も重要か。アルゴリズムはこうした質問への答えを個別に，あるいはまとめて（これをアンサンブルという）計算します。

ここでの重要なポイントは，類似点はまったく異なるさまざまな切り口から分析したり，定義したりすることができるということです。こうした「異なる類似点」は，データ上は同一のもの（例：なんとなく目立つが微妙に違う色の靴）から，あいまいでも奥深い特徴的な共通点（例：印象的な映画には必ず出てくる，あの風変わりでカリスマ性のある役者，頭から離れない大胆な楽曲をつくるあの音楽プロデューサーなど）まで，さまざまです。

恋愛マッチングサイトのレコメンデーション・エンジンを例にとると，それぞれのサイトの類似性を見出すアプローチは，まったく似ても似つきません。「Tinder（ティンダー）」と「eHarmony（イーハーモニー）」とではマッチングのレコメンデーションにおける最適化の考え方が大きく異なります。一口に「魅力」といっても，気軽な一夜限りの相手に求めるものと，「一生を添い遂げたい」と思うような真剣な交際相手に求めるものとでは，計算方法が違ってきます。

類似性の定量化は，より個別化された，行動誘引力のあるレコメンデーションを算出します。その反面，予測力の向上はよいことかもしれませんが，予測可能性（容易に想像できてしまうこと）はよいとはいえません。人々は思いがけないサプライズを非常に重視しています。そのため，類似性をあらゆる面からとらえることが，レコメンデーションを面白くするポイントになります。多様性のなかの数学的類似性（そして類似性のなかの数学的多様性）は，レコメンデーション・エンジンの予測可能性という落とし穴の回避につながります。レコメンデーション・エンジンはタイムリーで多様なデータを読み込むことで，大きな変化と微妙な変化との違いを学習していくのです。

類似性のパラドックス的な能力は，「セレンディピティー」と呼ばれる予測可能な驚きの見通しの算出です。この能力は，「1日を元気に過ごせるプレイリスト」や「食べたことのない料理を味わえるレストラン」「まだ会ったことのない友達の紹介」といったおすすめ情報をつくるときに発揮されます。レコメンデーション・エンジンは，「突き詰めていくとただの『似たものハンター』」であるという本質的な知見を最大限に活用します。そして，「似たものハンター」は，計算によって弾き出される驚きの可能性（正確には，タイムリーで文脈的に適切な驚き）によって，「セレンディピティー・ハンター」にも変身するのです。ユーザーをいつでも得した気分にさせられなければ，そのレコメンデーション・エンジンはどこかがおかしいと言わざるをえません。ですから，優れたレコメンデーション・エンジンのアルゴリズムは，継続性と新規性をうまくコントロールできなければならないということになります。

そうした「似たものハンター」が狩りをするレコメンデーション・エンジンの中身は一体どうなっているのでしょうか。レコメンデーション・エンジン研究の先駆けとなった

「GroupLens（グループレンズ）」プロジェクトを指揮したジョセフ・コンスタンとジョン・リードルは，Amazonのレコメンデーション・エンジンがどのように顧客データを処理しているかについて，次のように答えています。「厳然たる事実ですが，レコメンデーション・エンジンのなかでは，あなた（ユーザー）はとてつもなく大きい表の上のとてつもなく長い数字が入力されている行になります。その行は，あなたがインターネットで閲覧したものやクリックしたもの，購入したものすべてを表しています。表のその他の行には，Amazonの何百万人というあなた以外のユーザーの数字が入っています。あなたがAmazonを閲覧するたびにあなたの行のなかの数字は変わり，あなたがAmazonのサイト上で何かをするたびに，また行の中身が変わります。そしてその数字に応じて，あなたがAmazonで見ている情報やAmazonから送られてくる電子メールの割引キャンペーンが変わるという仕組みです」。

これは，Amazonだけに限ったことではなく，世界中のレコメンデーション・エンジンのアーキテクチャーの仕組みを示しています。長い数字の列や行は，巨大なデータ構造以上の意味があります。それらは有意義な類似性をダイナミックにマスカスタマイゼーション（個別化の大量生産）するための多次元のプラットフォームなのです。でも，どうやってそんなことができるのでしょうか。

それを実現するのは，アイテムの性質や特徴をもとにレコメンデーションを算出する「コンテンツ（内容）ベース法」のシステム，ユーザー間の類似性の近さの計算結果をもとにアイテムを推奨する「協調フィルタリング法」のシステム，そしてコンテンツベースのシステムと協調フィルタリングシステムのよい部分を組み合わせることにより，これらのシステムのいずれよりも優れた推奨を算出する「ハイブリッド」システムという三つの包括的な設計テーマです。これらのベースにある数学的知識を説明するとすぐに難しくなっていってしまいますので，ここでは一番シンプルなレコメンデーション・エンジン設計のアプローチから説明していきたいと思います。

最も人気の高いアイテムのレコメンデーション・エンジン

人気は，レコメンデーション・エンジンの最も単純な事例です。これは,「最も人気のある映画／ニュース／旅行先／ファッション」というように，ある特有の要素に沿って最も人気のあるアイテムを表示するというものです。「今一番人気のアイテム」「今週最も売れたアイテム」「今週最も読まれた／シェアされた／ツイートされた記事」「男性／女性に最も人気のアイテム」のようなおすすめ情報はこの類に入ります。人気度は究極的な類似性を反映しています。売上記録やシステムのログといった情報のみで算出でき，複雑な数学は必要ありません。ですから，人気度に基づいたレコメンデーションは，個人や特定のユーザーのプロフィールに合ったおすすめの入り口である可能性が高くなります。人気度は，スワイプ数や会員登録数が最も多いアイテムの追跡，ユーザーやアイテム，相互作用の観察などから計算することができます。人気はレコメンデーション算出のアプローチとして大変よく用いられている手法で，レコメンデーション・エンジンの「コールド・スタート」問題に対する最も簡単かつ一般的な対策です。

アソシエーションルールモデルとマーケットバスケットモデル

アソシエーションルールとマーケットバスケット解析は定量化における双子のような関係です。両者は同じ統計的計算を用いて同時購入されているアイテムを見つけます。両者は，取引履歴のデータを埋め込み，頻回な偶然とは考えにくい複数事象の同時発生を特定します。言い換えると，「この二つの商品が同時に購入される可能性はどれくらいか」を計算するということです。かつて1990年代，米大手スーパーマーケットのウォルマートは，「バービー人形を購入した客が，ある3種類の菓子のどれか1種類を購入する確率は60％」としたデータを発表しました。最近では，ビールを買いにきた父親は一緒におむつを買うという，嘘のような相関データの事例も出ています。このように，レコメンデーション・エンジンは同時発生する事象の仮説を立てることができるのです。

客が一時に一つずつ入手するもの（例：銀行のローン）の解析は相関ととらえ，入手するアイテムが複数の場合の解析は，マーケットバスケットととらえます。アソシエーション分析は「○○さんのアカウントには何があるか」といったように，客をベースに計算を行います。一方，マーケットバスケット解析は，取引を対象に行うもので，いわば「○○さんの買い物かごには何が入っているか」ということを導き出します。アソシエーションルールおよびマーケットバスケット解析に基づくレコメンデーションは，以下の三つのステップにより実行されます。

1）アソシエーション数学統計を用いて，同時に販売／購入されているすべてのアイテム同士の関係を計算する。つまり，起こりうるすべての共起を計算する。そうすることで，より大きな販売の共起の表がつくられる。
2）売上または利益率向上に貢献した関連性が最も高いアイテムの組み合わせを特定し，優先順位をつける（例：クレジットカードとデビットカードを組み合わせて支払いを行う客は，無作為に抽出された客に比べ，自動車ローンを契約する可能性が3～4倍高い）。
3）上記で見出されたアイテムの組み合わせのうち，一方しか所有していない客を対象にカスタマイズされた商品提案を行い，もう一方のアイテムを入手してもらうよう働きかける。

単純で計算スピードも速い共起レコメンデーション・エンジンは，必要となるデータや処理するデータ量も最低限で済みます。商品に関連した既存の顧客情報以外の詳細な情報も必要ありません（そのため，顧客プライバシー保護の観点からも有用です）。

商品数の限られたビジネスにとっては，アソシエーション分析やマーケットバスケット解析は個別化を図るうえで扱いやすい手法といえるでしょう。しかし注意しなければならないのは，この手法は顧客満足よりも売り上げを優先してしまう恐れがあるという点です。これらの解析は顧客とウェブサイトの間の相互作用ではなく，取引に注目しています。Amazonの「この商品を買った人は一緒にこちらも買っています」というレコメンデーションはアソシエーション分析やマーケットバスケット解析に似たアプローチです。それは偶然ではありません。

コンテンツベースフィルタリング法，協調フィルタリング法，およびハイブリッド法

数学的にいうと，レコメンデーション・エンジンは行と列でできたマトリックスのなかに存在しています。より具体的には，効用マトリックスのなかです。

先ほどのリードルとコンスタンのたとえに出てきた巨大な表（スプレッドシート）は，ユーザーとアイテムの親和性と嗜好（データで定義されたこれらの関係性）のマトリックスを表しています。行はユーザーを，列はアイテムを表し，それぞれにユーザーやアイテムに関する特徴や属性が記録されています。

各行と列とが交差するセルがユーザーとアイテムとの相互作用が記録されている場所で，アイテムに対するユーザーの評価値が入っています。コンテンツベースフィルタリング法や協調フィルタリング法のレコメンデーション・エンジンは，こうした効用マトリックス上で類似性を検出します。しかし，すべてのユーザーがアイテムに対する評価をコメントしたり，ランク付けをしたりするわけではありません。実際に，大抵のアイテムはほとんどといってよいほどきちんと評価されないことが普通です。このように，表のなかで情報が入っているセルより空欄のセルのほうが多くなってしまうという問題を技術的に「スパース性」と呼び，「スパース（疎）」であるマトリックスは巨大なスイスチーズのように穴ぼこだらけになります。「スパース性」は技術的にも数学的にも問題を及ぼします。

レコメンデーション・エンジンの目標と狙いはこうした効用マトリックスの空欄を確実に予測（埋める）ことです。そのため，レコメンデーション・エンジンはアルゴリズムのトリックや技術を使い，欠損しているユーザーの思考に関する情報を既存のデータから推定し，代入させます。Amazonの商品やNetflixのビデオ，Spotifyのプレイリストなど，あらゆるおすすめ情報の提案においてレコメンデーション・エンジンのマトリックスの計算（長い行と太い列でできたデータの数学的操作）は人々が最も気に入るであろう選択肢の予測を個別化することに重点を置いているのです。

コンテンツベースフィルタリング法あるいは協調フィルタリング法を用いたレコメンデーション・エンジンの場合，マトリックスの空欄を埋める類似性のタイプはそれぞれ異なります。「類似する性質や特徴をもつアイテムは同じように評価される」という仮定に基づいて推奨を算出するコンテンツベースフィルタリング法のレコメンデーション・エンジンでは，特定のユーザーに対してアイテムのどんな特徴や属性が予測を立てるのに最も適切であるかを決定することが課題となります。対して，協調フィルタリングのベースとなる仮説は，「趣味が似ているユーザー同士はアイテムの評価も似ている」という考え方で，「○○という映画／レストラン／ブログを気に入った人は，おそらく□□も気に入る」というのがこれに当てはまります。そのため，（皮肉にも）協調フィルタリング法のレコメンデーション技法では推奨の対象となるアイテムに関する知識の把握や理解はまったく必要とされません。

逆に，コンテンツベースフィルタリングのレコメンデーション・エンジンではアイテムとユーザーのプロフィール（アイテムやユーザーに関する最も重要な機能・属性を反映している履歴情報やログ）を両方作成する必要があります。なお，アイテムプロフィールとは，「映画の出演俳優」「楽曲の演奏時間」「レストランの料理の種類」のように，アイテムの主要な要素を各アイテムに対するそれぞれの特徴としてマトリックス化したものです。

ユーザープロフィールは，構造化されたアイテムプロフィールと同じ特徴に依存しますが，ここでのマトリックスの行はユーザーとなり，それぞれのセルにはアイテムの特徴に対する各ユーザーの親和性や好みの程度を示す値が入ります。レコメンデーション・エンジンはこうしたアイテムプロフィールとユーザープロフィールを比較し，類似性を計算します。類似性が高ければ高いほど，生成されるレコメンデーションの信頼性も高まります。

映画に対するアイテムプロフィールを例にとって考えてみましょう。映画について「○○出演作」「△△監督作」「アクション」「製作費●●ドル以上」「アカデミー賞受賞作」などの主要な特徴を挙げ，それぞれに該当するか否かを1または0で表します。これに対し，ユーザープロフィールは，それぞれのユーザーがアイテムプロフィールに挙げられた各特徴の該当状況を記録します。このように，コンテンツベースフィルタリング法のレコメンデーション・エンジンでは，ユーザープロフィールを重み付けされた特徴に基づいて構築していきます。ユーザープロフィールでの重み付けはブール型（正しいか否かを1か0の二者択一の値で示すデータ型）で表され，たとえば，ユーザーがその特徴を好めば1，好まなければ0と表されます。また，前述のOkCupid共同創業者クリスチャン・ラダーの説明のように，特徴の重み付けは関連する別の数値的指標で表すこともできます。

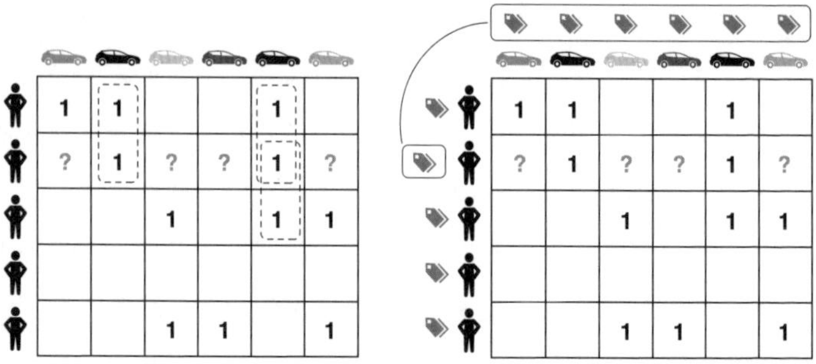

協調フィルタリング法：ユーザーと
アイテムとの相互作用に関する類似性を測定

コンテンツベースフィルタリング法：
アイテムの特徴間の類似性を測定

図１

出典：Marcel Kurovski, “Deep Learning for Recommender Systems,” https://ebaytech.berlin/deep-learning-for-recommender-systems- 48c786a20e1a

ものすごく単純にわかりやすく説明すると，あるユーザーが見た10本の映画の情報があれば，それらの映画に最も共通して存在する（または欠損する）特徴量（出演俳優，監督，ジャンルなど）を計算し，そのユーザーの親和性や好みを大体推測することができるということです。10本見た映画のうち6本が「有名な男性俳優が主演する大型の製作費をかけたアクション超大作」であるというユーザーは，「大型の製作費をかけた恋愛コメディー映画」4本と「小規模なインディーズ映画」2本,「アカデミー受賞ドキュメンタリー」1本を見たユーザーと，その嗜好や親和性，および効用マトリックスが異なります。

また，ユーザーの嗜好に相関する映画の主要な特徴（あるいは特徴のクラスター）の検出も，前者のユーザーのほうが後者のユーザーに比べてよりシンプルになります。

では，こうしたデータからどのようにレコメンデーションが計算されるのでしょうか。その方法とは，望ましい類似性を同定・定義・推測するという方法です。レコメンデーション・エンジンはユーザープロフィールやアイテムプロフィールを定義する特徴や属性を計算します。具体的には行と列，そしてそれらが交わるセルに入る数値を計算します。

最もシンプルにいうと，レコメンデーションはユーザーとアイテムのそれぞれのデータセット間の相関の計算結果から導き出されたものです（ここでいう相関とは，因果関係という意味ではありません。相関からは，なぜそうなるのかという原因について説明を得ることはできません）。

相関は一般的で簡単に計算できますが，限界や制約もあります（しかし，それはすべての統計手法についてもいえるのですが）。

そこで相関の代わりに，こうした行や列を数字の集合と考えてみます。先ほども触れた通り，数学における数字の集合は簡単にいうと異なる要素を定義し集めたものですが，ユーザーが好む特徴量（またはユーザーが気に入ったアイテムに存在する特徴）の集合と，アイテム（映画や本，楽曲，レストラン，投資商品など）がもつ特徴量の集合は，どの程度重なり合うのでしょうか。

実はこの重なり合い（それらの集合が交わり）こそが，類似性を数学的に説明するもう一つの方法です。つまり，集合同士で重なり合っている部分が多いほど，ユーザーがそのアイテムを気に入る可能性は高くなります。レコメンデーション・エンジンには，ユーザープロフィールの値の集合とアイテムプロフィールの値の集合の重なりを計算するように設計されているものもあります。こうした集合の値や量が巨大だったとしても，コンピューターはスピーディーにかつ簡単にその類似性を計算し，格付けすることができるのです。アイテムとユーザープロフィールの重なり合いがより多く，密集しているほど，そのアイテムはおすすめにふさわしいということになります。

こうした行や列は，別のもっと効果的で便利なとらえ方があります。それは，行や列のなかの値を集合として考える代わりに，これらをベクトルとして見るという考え方です。ベクトルとは向きや大きさをもつ数学的なオブジェクトのことです。たとえば風速（大きさ）や風向きで表される風は，数学のベクトルの概念の例としてよく用いられます。レコメンデーション・エンジンはオブジェクトやアイテムに対する複数の要素を表す「特徴量ベクトル」を使用してレコメンデーションを生成します。特徴量ベクトルは物事の多面的な属性を数量化し，順序付けしたものです。言い換えると，予測や嗜好を導き出すための数値データの空間配列です。

アイテムとオブジェクトの特徴量ベクトルを組み合わせる

と，特徴量空間がつくられます。特徴量空間は多次元で表され，そこから類似性のパターンや形状を見出すことができます。数学的な比較に役立つ特徴量ベクトルは，機械学習やレコメンデーション・エンジンでよく使われる表現方法となっています。

「$a^2+b^2=c^2$」というピタゴラスの定理を思い出してみてください。ある二つのアイテムの特徴量ベクトルを比較する簡単な方法の一つに，ユークリッド距離の計算を応用した手法があります。アイテム同士がどれだけ離れているかという距離を計算するのです。距離が近いほど，類似性も高くなります。また別の手法（あるいは補助的な手法）は三角関数を使う方法で，ベクトル間の角度を計算するというものです。角度がより小さい（より0度に近い）と，互いにより似ているという意味になります（角度が垂直，または直角になる場合には，非類似性が最大であることを示します）。この手法はコサイン類似性とも呼ばれています。

先ほどの映画の例を取り上げると，レコメンデーション・エンジンは「製作費」「ジャンル」「映画賞受賞歴」「レビュー」といった重み付けされた特徴量や属性，仕様をベクトル化します。こうした「特徴量ベクトル」は映画のアイテムプロフィールをデジタルに表現したものです。対してユーザープロフィールは，そのユーザーが過去に気に入った映画の特徴量ベクトルの集合からなる特徴量ベクトルで構成されます。そしてこのアイテムプロフィールとユーザープロフィールをユークリッド距離とコサイン類似性を組み合わせて比較すると，そのユーザーが次に見ると思われる映画のフィルターや格付け，推奨が算出されるという仕組みです。

ブログやニュースサイトの比較では，TF-IDF（term frequency-inverse document frequency）アルゴリズムと呼ばれる「単語の袋」を使ってコンテンツをベクトル化する手法もあります。これは，文章に含まれる単語や名称，フレーズから特徴を見出し，その文書と別の文書を比較するための文書プロフィールを作成していくというものです。

TF-IDFで定義されたベクトルは，それぞれの文書に出てくる単語の出現回数を表しています（TF-IDFは，文書の集合体やコーパス〈文例のデータベース〉のなかに出てくる単語の重要度を統計学的に評価したもの）。文書中に含まれる単語ごとに各次元が対応している多次元空間に射影された二つのベクトル間の角度をコサイン類似度を用いて測定します。その結果は文書間の相対的な空間定位を表し，ここでもベクトル間の角度が小さいほど，文書間の類似性が高いと判断されます。

しかし，レコメンデーション・エンジンの計算手法を詳細に知ることよりももっと重要なことは，「レコメンデーションはデータ間の類似性を位置付け同定し，予測するという革新的な計算技法から生まれている」ということです。頭のなかで，レコメンデーション・エンジンのなかに，壮大なデータ点の雲や銀河が広がっていると想像してみてください。そのデータと

頭のなかで，レコメンデーション・
エンジンのなかに，壮大なデータ点の
雲や銀河が広がっていると想像して
みてください。そのデータと
データとの間の距離が離れていれば，
二つは似ていないものとなり，
逆に距離が近くなれば互いに似たもの
同士ということになります。

データとの間の距離が離れていれば，二つは似ていないものとなり，逆に距離が近くなれば互いに似たもの同士ということになります。距離は類似性を代弁しているのです。

コンテンツベースフィルタリング法のレコメンデーション・エンジンにとって，特徴量空間は幸せを呼ぶ「似たもの／偶然の出合い」探しの場所です。また，コンテンツベースフィルタリング法のレコメンデーション・エンジンと，協調フィルタリング法のレコメンデーション・エンジンとでは，レコメンデーション提案に向けた類似性の使用方法が異なります。協調フィルタリングのレコメンデーション・エンジンではアイテムの内容はまったく重視されず，ユーザー（人）の類似性が測られ，重要視されます。

そのため，ユーザーベースのレコメンデーション・エンジンは近傍やコミュニティーへの感度を重視します。つまり，アイテムや映画，楽曲，レストラン，交際相手に同じような評価をつけたユーザー群を集め，その評価に基づきそれぞれの群の人々同士の距離（類似性あるいは非類似性）を計算したうえで，互いに最も似ている／近いユーザーを探し，その一方が気に入った商品を他方のユーザーに「あなたのような人はこれを気に入っています」というようにおすすめするのです。ここでいう評価（データ）とは，暗黙的なもの，および明示的なもの，あるいはその両方となります。

コンテンツ同様，ユーザー間の類似性もコンピューターで計算可能です。ある特定のユーザーに関連するすべてのユーザーに類似性の重み付けを割り当て，特定ユーザーとの類似性が最も高いユーザー（数学用語で「近傍」といいます）を選択します。そして選ばれた近傍の評価の重み付けされた組み合わせから，レコメンデーションを算出します。量的に見ると，この近傍には「あなたのような人」がいっぱいいるということになります。

こうしたユーザーベースの協調フィルタリングは大変有用であるとされていますが，データをもとに近傍の作成や，維持・更新を正確に行っていくことはコストがかかります。レコメンデーションを算出するのに必要となる近傍のサイズを想像してみてください。一つのウェブサイトのユーザー数が何百万人（あるいは何億人）にものぼるというなかで，適切なサイズの近傍データを計算することは高コストとなり，効率もよいとはいえません。

そこで出てくるのが，賢い近道を探す方法です。その近道とは，嗜好が似ているユーザーの近傍を統計的に探す代わりに，アイテムベースの近傍を計算により求めるというもの，つまり，ユーザーが過去に高く評価しているアイテムに似ているアイテムを探し，それに一番近いアイテムを推奨するということです。Amazonはこの手法を長年取り入れて成功しています。何だか前にお話ししたアソシエーションルールのレコメンデーションの手法に似ていませんか。その通りです。レコメンデーション・エンジンの計算技術は進化しているのです。

こうしたアイテムベースの協調フィルタリングを使った似たもの探しは，アイテムの特徴量だけに依存せず，ユーザーの行動（レーティング，レビュー，サイト滞在時間など）をもとにアイテム近傍から似ているアイテムを抽出したり，探索したりしています。

一般的に，多くのデータを要する協調フィルタリングでは，ユーザーベースよりもアイテムベースの算出方式のほうがより正確かつ効率的な類似性の測定が可能とされています。しかし，それだけでは本来の計算目的である「過去の情報をもとにした未来の相互作用の予測」は達成されません。では協調フィルタリングを使ってその目的を達成する最適な手段は何でしょう。それには，「メモリーベース」と「モデルベース」の２種類の手法が考えられます。

メモリーベース手法の協調フィルタリングはほとんどの場合，単純な計算方法を用います。前述のマトリックスを思い出してみましょう。「ユーザー」の行と「アイテム」の列で構成されている巨大なマトリックスのそれぞれのセルに，該当するユーザーが各アイテムを好むか，またはアイテムの評価が記入されています。メモリーベースの手法ではこのマトリックスの二つのベクトル（行と列）から類似性を計算し，比較しているもの同士がどれだけ似ているかを決定します。

メモリーベース手法の一番の問題点は情報のスパース性で

す。ユーザーとアイテムの相互作用に関するデータ（密集）が少なすぎる（低すぎる）ため，質・量ともに優れたクラスターや近傍が生成されないという問題です。

一方，モデルベース手法の協調フィルタリングはメモリーベースの手法に比べてより野心的な計算手法といえます。この手法は，機械学習やデータマイニングを応用してユーザーがそれまでに見たことのないアイテムをどの程度気に入るかを当てようと試みるものです。つまり，モデルベース手法の協調フィルタリングの狙いは学習能力のある予測モデルをつくることにほかなりません。たとえば，あるユーザー群のアイテムベクトルを学習させることにより，新規に追加されるアイテムについて個々のユーザーがどのようにレーティングをつけるかを予測するモデルをつくるというようなことです。既存のユーザーとアイテムの相互作用を使えば，「ＸＸというユーザーが気に入ると思われる上位五つの商品」のような情報を予測できるようレコメンデーション・エンジンに学習させることが可能となります。また，モデルベース手法は技術的にもメモリーベース手法に比べてより推奨されるアイテムの種類や対象となるユーザーが多く，スパース性の高いマトリックスをもつシステムの場合にはカバー域が広くなります。

基本的に，メモリーベース手法は常時既存データのすべてを使って予測を算出し，モデルベース手法ではデータを使って学習することでより適切な予測を算出しようとするものです。モデルベース手法のアルゴリズムで用いられている機械学習の機能は，メモリーベースにはないダイナミックさをレコメンデーション・エンジンに加えることができるのです。この決定的な違いから，未来のレコメンデーション・エンジンを開発においては，モデルベースの予測手法は理論的にも実践においても優れていると考えられます。

上記のようなレコメンデーション・エンジンの多様性は，ハイブリッドのレコメンデーション・エンジンがいかに重要であるかを物語っています。コンテンツベース，および協調フィルタリングのレコメンデーション・エンジンにはそれぞれメリット，デメリットがあるためです。

Nextflix Prizeコンテストが明らかにしたように，補完的なコンテンツ（コンテンツベースのフィルタリング）と協調フィルタリングのシステムを組み合わせた（アンサンブルした）ハイブリッド法のレコメンデーション・エンジンは，コンテンツベースフィルタリング法と協調フィリタリング法をそれぞれ単独で使用する場合に比べてより優れたレコメンデーションを生成することができます。一般的に異なるレコメンデーション・エンジンのアルゴリズムを混合・照合したり，あるいは統合して新しいアルゴリズムをつくったりする手法は，単体のアルゴリズムよりも優れた結果を算出するとされています。そう聞けば，世界中のレコメンデーション・エンジンの設計者や開発者，エンジニアが個別化されたレコメンデーションの生成に向けてより総合的で，統合された相互運用可能なアプローチに注目しているというのも不思議ではありません。ハイブリッド法は紛れもない複雑性を付与しながら，高性能な結果を生み出します。こうしたハイブリッド法のレコメンデーション・エンジンの種類には以下のようなものがあります。

- **重み付け**　異なるレコメンデーション手法を別々に使って算出した予測を組み合わせる。
- **特徴量の組み合わせ**　異なるレコメンデーション・エンジンのデータソースから抽出した特徴を，一つのレコメンデーションのアルゴリズムに入力する。
- **特徴量の拡張**　一方のレコメンデーション・エンジンの出力した結果を，もう一方のレコメンデーション・エンジンに入力する（たとえば，あるモデルベースの協調フィルタリング法を使って生成された特徴量を，別のモデルのレコメンデーション・エンジンに入力するなど）。
- **縦続**　一方のレコメンデーション・エンジンが算出した結果を別の手法で絞り込む。
- **メタレベル**　一方のレコメンデーション・エンジンが学習したモデルを，もう一方のレコメンデーション・エンジンに入力する。特徴拡張との相違点は，メタレベルではモデル全体が入力値として使われるという部分。
- **混合**　二つ以上のレコメンデーション技法を組み合わせる

（たとえば，コンテンツベースフィルタリングと協調フィルタリングなど）。

もちろん上記以外にもレコメンデーション・エンジンを組み合わせたり，相互に連携させたりする方法はありますが，ここで考えるべきことは，レコメンデーション・エンジンは単一の

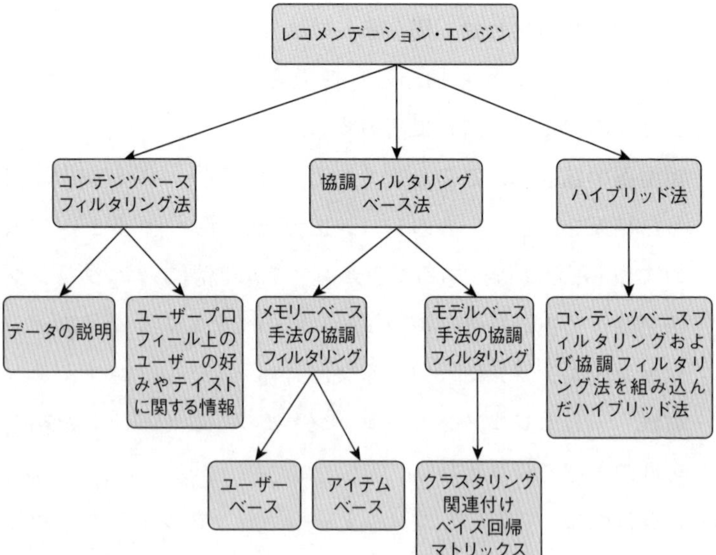

図2
出典：H. Mohana and M. Suriakala, "A Study on Ontology Based Collaborative Filtering Recommendation Algorithms in E-Commerce Applications," IOSR Journal of Computer Engineering 19, no. 4 (2017): 14–19.

モデルとして設計・開発されるべきではないという点です。むしろ，レコメンデーション・エンジンのモデルを多様化させていくことのほうが，一つのモデルを改良させていくより大事なことなのかもしれません（実際に，Netflix Prizeの優勝チームのシステムには100以上のモデルが組み入れられていたそうです）。Netflixが大変高精度かつ効果的で，常に学習し続けるハイブリッド法のレコメンデーション・エンジンを運用しているのは当然のことなのです。

多次元性の呪縛と潜在因子から得られる洞察

Netflix Prizeでは，巨大なデータ量，スパース性に加え，マトリックス自体がもたらした多次元の複雑性という課題が浮き彫りになりました。協調フィルタリングのマトリックスはとにかく大きすぎて情報も整理されておらず，複雑だったのです。そのため，根本的な改善策が求められました。

なかでも最大の難題はスパース性と拡張性です。協調フィルタリング法のレコメンデーション・エンジンはデータの次元が増えると性能が著しく低下するという特性があります。これは，扱うデータ量の増加により機能が制限を受けるという，いわゆる「多次元性の呪縛」と呼ばれる現象です。

一見直感に反したような性能および予測性の問題に対する突破口となったのは，ユーザー・アイテムマトリックスの分解でした。マトリックスを分解してデータ量が少なくなれば，より多くの計算ができるはずです。問題解決の鍵となったのは,「次元削減」でした。これは，一つの巨大なマトリックスを複数の小さいマトリックスに割ることで，より多くの推奨情報や洞察の算出を行うものです。つまり，できる限り多くの情報を留保している低次元のデータ表現を探すのです。レコメンデーション・エンジンでは，大きなマトリックスを分解して必要な部分行列（サブマトリックス）を得る「特異値分解（singular value decomposition: SVD）」という技法を用いて次元削減を行います。レコメンデーション・エンジンの特異値分解では，あるマトリックスを次の三つの部分に分解して表します。

$$A = USV'$$

上記のうち，U，Vは直交行列を，Sは対角行列を指します。あるマトリックスにおいて,Uの行には,「それぞれのユーザーがどの程度各特徴量を好きかを示している値」が入っていて,Vの列には,「どのアイテムがそれらの特徴量をもっているかを示している値」が入っていると仮定しています。そして，Sはそうした特徴量ごとの相対的な重要度についての重み付けや詳細を示すとします。でも，ここでいう「特徴量」とは一体どんなものでしょうか。わかりませんよね？ それをデータから教えてくれるのがSVDです。

SVDの仕組みをざっと説明しましょう。ある映画に，「出演者」「ジャンル」「製作費」「監督」「上映時間」「映画賞受賞歴」などといった特徴量があるとします。映画によってこれらの特徴量はさまざまなかたちで組み合わさります。そして複数の視聴者が，これらの異なる特徴量に対してそれぞれ異なる重み付けをしたとします。SVDが面白いのは，ここでいう特徴量について，あらかじめ定義しておく必要がないという点です。SVDが定義してくれるからです。

SVDを使って大きなマトリックスを小さなマトリックスに分解(または分割)すると，ユーザーの評価に大きく作用する隠れた特徴量，つまり「潜在的な」特徴量が現れます。

こうした潜在的な特徴量は，もとの大きなマトリックスを分解することによって初めて浮かび上がったものです。このように，次元削減とマトリックスの分解は，大きなマトリックスのなかでは読み取ることのできないデータをベースにした関連性を明らかにし，際立たせることができます。理論上分解された小さいマトリックスは，もとのマトリックスに比べてスパース性が少ないためです。

より低次元のマトリックスは暗黙的なユーザーの嗜好を推察するために必要となる興味深く直感的な論拠を提供します。たとえば，あるユーザーが『インセプション』『オール・ユー・ニード・イズ・キル』『メッセージ』という3本の映画に好意的なレーティングをつけたとします。三つのレーティングはそれぞれはっきりとした見解ではないにしろ，レーティングからこのユーザーは「大衆ウケするタイムトラベル系SF映画を好む可能性が高い」ということが類推できます。こうした潜在的な特徴は，具体的な特徴量（例：出演者，製作費，ジャンルなど）に比べて高次の属性によって表現されます。マトリックスの分解は，こうした潜在的な特徴に対してユーザーがどれだけ共通する意見をもっているか，およびそれらの特徴がどれだけ映画と合致しているかを理解するうえで大変役に立つ数学的メカニズムとなっています。

次元削減によって導き出される類似性は，標準的な最近傍法とは質・量のいずれの面でも異なり，また，概念的にもより深く分析されたものです。仮に二人のユーザーが同じ映画に異なる評価をつけていたとしても，上記のような潜在的特徴量によって，二人の間に共通する潜在的な嗜好が見出せる可能性があります。このように，SVDや主成分分析（Principal Component Analysis：PCA）をはじめとする次元削減のアプローチは，レコメンデーション生成のための類似性予測における新たな側面をつくり出します。

機械学習，バンディッド・アルゴリズムと説明可能性

実のところ，レコメンデーション生成においては統一された一般理論や万能アルゴリズムというものは存在しません。その代わりにあるのは，おびただしい数の，互いに関係し合うレコメンデーション・エンジンの設計機会，オプション，アプローチを導く「巨大なn次元のマトリックス」です。データサイエ

ンスや統計，機械学習から誕生したほとんどすべての発明や技術革新は，なんらかのかたちでレコメンデーション・エンジンに取り入れられています。逆にいえば，事実上すべてのレコメンデーション・エンジンの主要な改良事例は，統計や予測分析，データサイエンスのイノベーションにその着想や知見を得ているということです。この事実は今後も変わることはありません。

これまで説明してきた通り，レコメンデーション・エンジンの機能における主要な進歩は，機械学習のアルゴリズムの発展から導かれています。

これまでの歴史的経緯を見る限り，機械学習の未来はレコメンデーション開発の未来といっても過言ではありません。そして同様に，レコメンデーション開発の未来も機械学習の未来を示しています。レコメンデーション・エンジンはただの（あるいは単純な）機械学習の特殊な事例ではなく，世界中の機械学習に関する技術的・商業的な研究プロジェクトを牽引しているのです。認識論的・存在論的・目的論的・修辞学的・心理学的・社会的・経済的にも，レコメンデーションは機械学習が解くべき一つの大きな問題となっています。

機械学習には，アルゴリズムがすでにラベル付けされたデータを「教師」として見習い，新たなデータ（または分類や回帰）を予測するモデルをつくる「教師あり学習」と，データのラベル付けやカテゴライズを行わない「教師なし学習」とがあります。いずれの方法でも，機械学習の目的はアルゴリズムを使って，データの意味を探るためのパターンや構造を見出すことです（前述のクラスタリングや次元削減はその典型的な例です）。またこれらとは別の機械学習の手法として，「強化学習」という手法があります。強化学習は，報酬システムと試行錯誤の実験を組み合わせることにより，長期的に報酬を最大化することを目指すものです。この章のなかでレコメンデーション・エンジンを飛躍的に発展させた機械学習の技術の詳細を説明することは難しいですが，ここではその基礎となる原則に関する本質的な知識に絞って解説していきたいと思います。

なお，ここで触れる機械学習の中核となる原則とは，類似性や発見性，探索，適合性という意味での原則であり，機械学習がどうレコメンデーションをつくるかを学習していくうえで大変重要なステップとなるものです。

データにはマトリックス，グラフ，ツリー，ニューラルネットワークのような形があり，それらの形には意味があります。機械学習はどうやってその形の意味を高める（あるいは形に意味をもたせる）のでしょうか。その答えがアンサンブルです。

『マスターアルゴリズム　世界を再構築する「究極の機械学習」』（2015年，邦訳：2021年，講談社）の著者で，ワシントン大学の機械学習の研究者，ペドロ・ドミンゴスは，「機械学習について知っておくと役に立つこと」という論文において，レコメンデーション生成における機械学習の位置付けについて実に秀逸に論じています。ドミンゴスはこの「機械学習の方程式」の問題を次のように解説しています。

学習＝表現＋評価＋最適化

ここで注目してほしいのは，これまで説明してきたレコメンデーション・エンジンのすべてのアプローチ（コンテンツベースフィルタリングと協調フィルタリング法，モデルベースとメモリーベース）は，すべてこの公式にまとめられるということです。レコメンデーション・エンジンの個別化や優先順位付けの仕組みを知るには，機械学習を定義するデータの表現方法や評価，最適化について理解しなければなりません。ハーバード

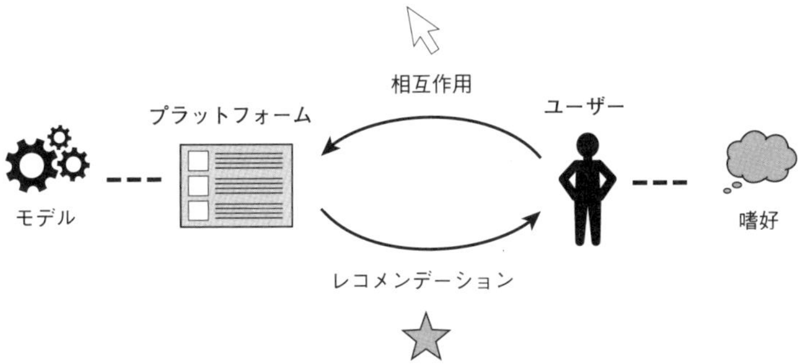

図3

出典：Allison J. B. Chaney, Brandon M. Stewart, and Barbara E. Engelhardt, “How Algorithmic Confounding in Recommendation Systems Increases Homogeneity and Decreases Utility,” Proceedings of the 12th ACM Conference on Recommender Systems (2018): 224-232.

大学のジョー・デイビソンはドミンゴスの公式を実用的に解釈し，下記のように説明しています。彼の説明は特に「統計」と「機械学習」とを切り離して論じています。前者は計算を，後者は計算された値の変換をそれぞれ指しています。

「表現」とは，データを一つの空間から，解釈が簡単になるより使い勝手のよい空間に変換することです。「未加工の画像データは犬と猫を見分けるのに役に立たないように，データも解釈や評価できるように使い勝手のよい形式に変換しなければならない」とデイビソンは指摘します。最も扱いやすい情報を得るための特徴量空間はどのようなものか，それを考え表すのが「表現」です。

「評価」は，定義されたデータの分類の正確性や信頼性を決定することです。つまり，「損失関数」(データ処理のなかで失われてしまったものは何か。ギャップはどこにあるか)を探すのです。自社のシステムに組み入れられたアルゴリズムは効果的にデータを役に立つ空間に変換していますか。読み込まれたテキストシーケンスのなかで次に出てくる言葉を正確に予測できますか。こうした質問はデータ表現の精度の判断に役立つだけでなく，何を学習するかを決定することにつながるとデイビソンとドミンゴスは主張しています。学習内容の評価方法は具体的かつ実践的な学習内容を決めるのです。そのレコメンデーション・エンジンはクリック数の最大化やサイト滞在時の延長方法を学習していますか。ユーザーが最も気に入ると思われる商品の推奨を学んでいますか。あるいは，最も購入可能性の高い商品のおすすめを学んでいますか。こうした違いは決して些細なものではなく，レコメンデーション・エンジンが何を学んでいるかを把握するために必須となるものです。

一方，「最適化」とは，機械学習の謎を解く最後の鍵で，評価基準を改善するため，評価構成要素によって表現した関数を最適化することを指します。要するに，評価基準が最適化の対象となるべき表現特徴量や要素を決めるということです。最適化を実現する方法を最適化しなければならないのです。

「最適化の手法の選択が機械学習の効率を決める鍵」とドミンゴスは言います。「新しい機械学習システムの場合，既成の手法から始めて，あとからカスタム化された手法に変えていくというのが一般的です」。

ドミンゴスの機械学習の方程式は，レコメンデーション・エンジンが機械学習の必須材料であると同時に，その産物でもあることを意味しています。「教師あり／なし学習」「強化学習」といった学習手法よりも，レコメンデーション・エンジンが本当に何を（どこまで）学ぼうとしているかという質問のほうがはるかに大切なのです。

たとえば，格付けを覚えさせることを目的としたアルゴリズムがあります。従来の機械学習では与えられた課題に対して一つずつ予測（分類・回帰）を計算していきます。電子メールの迷惑メールを例にとると，通常，ユーザーはメールの特徴をすべて見出し，そこから迷惑メールであるかどうかを判定します。従来の機械学習ではこれを「区分」（迷惑メール／非迷惑メール）の作成，または事例に対して一つの点数をつけることで行います。

格付けを学習したアルゴリズムは，リスト化されたアイテム群についてその格付けを計算します。この場合，アルゴリズムのゴールと目的は，アイテム群に最も適切な順序を割り当てることになります。そのため，個々のアイテムの点数よりも，それぞれのアイテム間の相対的な順序付けが重要視されます。

レコメンデーション・エンジンにおけるランク付けでは，個々の推奨情報の提示よりも順序付けされた推奨情報の組み合わせがはるかに重要となります。つまり，ユーザーに提供するおすすめの内容ではなく，おすすめ情報の組み合わせが大事だということです。この違いはユーザー，機械学習アルゴリズムのいずれにとっても大きい意味があります。もしユーザーが個々のおすすめ情報ではなく，格付けされたおすすめ情報の組み合わせにより強く，確かな反応を示せば，それは学習するに値する知識となります。こうした設計上の意思決定はレコメンデーション・エンジンの投資や開発事業を左右します。

でも，どのようにこうした意思決定をすればよいのでしょうか。どのようなレコメンデーションを生成するかという優先順位をつけるためにはどのような条件を考えればよいのでしょうか。こうした疑問に対し，Netflix，Google，TikTok，Stitch

Fix，Pinterest，LinkedInなどレコメンデーション・エンジンを主軸とする企業はあえて実験的なアプローチで対応しています。彼らは何がユーザーにとってより合理的であるか（そしてより多くの利益を生み出すか）を学ぶことで，新規性の高いおすすめと，既知のお気に入り商品の宣伝とのバランスを図っているのです。

これは単なるレコメンデーションのA／Bテストを超える問題です。それを実現するのは，レコメンデーション・エンジンをカジノのスロットマシーンに例えた，多腕バンディッド・アルゴリズムです。多腕バンディッド・アルゴリズムは，テレビ番組や映画のクリック率や視聴時間のように意思によって与えられる報酬の最大化を目的とした予測手法で，強化学習の一種です。強化学習では，定義された報酬の総量を最大化するためにとるべきアクションを予測します。

多腕バンディッド・アルゴリズムのなかでもよく用いられるε-greedy（イプシロングリーディー）アルゴリズムは，探究心の喚起と宣伝のバランスを継続的に図ることを目的とした手法です。スロットマシーンで例えると，貪欲法の実験で，まず一番高い報酬が得られたという実績のあるレバーを不規則な間を置きながら引くことを試します。次に，わずかな時間でランダムに選ばれたレバー（レコメンデーション）を引きます。そしてそれ以外のときは報酬が最も高くなるレバーを引く，というものです。

Googleでデータサイエンス部門を率いるスティーブン・スコットは，「一般的に，多腕バンディッド・アルゴリズムを使った実験は，統計的仮説に基づく古典的なＡ／Ｂテスト実験に比べて効率がよいとされています」と主張しています。「多腕バンディッド・アルゴリズムは統計的にも有効で＜中略＞，はるかに速く回答を計算することができます。なぜなら，「ファイナルアンサー」を待っている間に，勝てる組み合わせを探してどんどん別の組み合わせを試していくからです。＜中略＞基本的にバンディッド・アルゴリズムは実験効率を上げることで，より多くの計算を試せるようにするのです」。これは大事なことですね。その分より多くを学べるということになるのですから。

繰り返しになりますが，レコメンデーションはアルゴリズムが学習し賢くなるために必須となるデータを提供します。同時に，組織やその組織が運用するシステムも，どんなおすすめ情報が宣伝よりも多くの価値を生み出すかを学ぶことができるのです。

しかし，こうした機械学習による探索や利用，実験が進む反面，ある基本的な問題が悪化しつつあります。それは，レコメンデーション・エンジンの規模や精度，複雑性が増すことによる不透明性の問題です。一見大変優れてあっと驚くようなおすすめを提案しているように見えても，レコメンデーション・エンジンがその推奨理由を説明できないのです。レコメンデーションに重要な「なぜ」がどこかに行ってしまったためです。

「ディープラーニング(深層学習)のシステムは，巨大で深く解読しにくく，まるでブラックボックスのような作用をします」。インペリアル・カレッジ・ロンドン教授のアレッシオ・ロムシオは機械学習の問題点についてこう言及しています。優れた予測能力を付与しているディープラーニングの仕組みこそが，レコメンデーションの理由や論拠を読み解き，明確にする能力を阻害してしまうのです。結局のところ，「潜在的な因子」は深いところに潜りすぎているということなのでしょうか。

したがって，「機械学習の説明可能性」はレコメンデーション・エンジンの研究において重要テーマの一つとなっています。偶然の発見をうながすだけではレコメンデーションとして不十分です。人々は推奨の根底にある「なぜ」を見て，理解したいのです。

ある研究者は，「エンドユーザーに推奨理由を説明できないレコメンデーション・システムはユーザーの信頼を失い，推奨を受け入れてもらえないというリスクがある。ユーザーは，システム内部の仕組みについての情報を提供し，それに合ったメンタルモデル*2や信頼を構築できるインターフェースを求めている」と述べています。

言い換えれば，説明可能性はレコメンデーション・エンジン

*2　行動のイメージ。

にとって必須要件になっているともいえます。実際に，ある調査グループが旅行のレコメンデーションの格付け調査において説明可能性を重み付けに使ったところ，ユーザーは説明可能なレコメンデーションに対してより高い満足度を示したことがわかりました。Spotifyのデータサイエンティスト，ポール・ラメールがつくった「recsplanation（レクスプラネーション）」[*3]という言葉は，レコメンデーション・エンジンの推奨内容の説明性を体現したものです。

おそらく想像できると思いますが，このような説明可能性や解釈性に対するニーズはまさに機械学習によってますます満たされつつあります。適切なレコメンデーションを計算するのとまったく同じアルゴリズムが，その説明の分類，カテゴライズ，クラスタリングにも使われています。

カーネギー・メロン大学助教授のザカリー・リプトンは著書『モデル解釈性の神話』のなかで，読者にこう質問を投げかけています。「機械学習のモデルを解釈するとはどういうことだろうか。そしてどうしてそれが必要なのか。モデルの信頼性を上げるためなのか。あるいは分析された事象の因果関係を探るため，または視覚化するためなのか」。

枕詞から現実的な問題へと急発展した機械学習の解釈性に関する疑問は，幻想のような究極の皮肉を映し出しています。そ

[*3] レコメンデーションと，説明という意味のエクプラネーションを足した造語。

れは，知能をもったレコメンデーション・エンジン設計の最終的な運命は自ら信頼性や説得性を向上し，ユーザーに推奨できる能力をもつよう学習するレコメンデーションであるということです。レコメンデーション・エンジンは，この章で述べたすべての手法や技術を使い，自らをよりよく学習させていくことでユーザーへのレコメンデーションの質を高めていくでしょう。

第5章

レコメンデーションのエクスペリエンス

あらゆるものがレコメンデーションの対象です。Netflixのデータサイエンティストたちがもつ，大胆で巧妙な設計原理と先見の明には非の打ち所がありません。彼らはわかっているのです。関連性や信頼性は大切かもしれないが，もっと大切なのは，ユーザーが実際にどのようなレコメンデーションを体験するかということだと。ユーザーは興味をもっているか。やる気はあるのか。動機付けされているか。決断力はあるのか。退屈していないか。あらゆるものに対してレコメンデーションが算出される時代において，レコメンデーションはユーザー体験のすべてであるといえます。レコメンデーション・エクスペリエンス（RX）は，どのように見え，どのように感じられるべきなのでしょうか。この問いが，高性能のレコメンデーション・エンジンにおける設計の未来にとって鍵となります。

レコメンデーション・エンジンは，経験を通して驚くべき速さで進化しています。文書検索のための情報検索技術として始まったレコメンデーション・エンジンは，インターネットの商用化に伴い，販売ツール，信頼できるアドバイザー，臨場感あふれる体験の場へと急速にかたちを変えました。実際，あらゆるタッチポイント（顧客接点）やターニングポイントにおいて，レコメンデーションはインターネットでのユーザー・エクスペリエンスを向上させるために不可欠なものとなっています。これは，映画，音楽，ショッピングだけでなく，旅行や食事，人との交流すべてにいえることです。レコメンデーション・エンジンとユーザー・エクスペリエンスとの区別がつかなくなるケースも多く見られます。優れたレコメンデーションを獲得することが，現在におけるインターネットを利用する意義や目的になっているのかもしれません。

ボストンから北京，ベルリン，ブエノスアイレスに至るまで，世界中の人々が優れたレコメンデーションを受け取ることを期待しています。関連性の高い選択ができることが彼らの望みです。ユーザー・エクスペリエンスとユーザーの期待は密接に結びついているため，一方を変えれば，必ず他方にも影響が及びます。彼らは，自分の好みが正確に反映され（さらには予測され），個別化された提案を求めています。そして個別化がシンプルに，簡単に，今すぐ実行されることを望んでいるのです。ユーザーの期待が高まれば，レコメンデーションの設計の方向性も変わります。人々は，よりよいレコメンデーションだけを求めているのではありません。よりよいレコメンデーション・

エクスペリエンスを求めているのです。これは，おいしい料理と高級レストランとの違いに似ています。素晴らしい食事は素晴らしい料理以上のものを提供してくれますが，それは雰囲気，サービス，会話のすべてが料理と体験の両方を向上させてくれるからです。レコメンデーション・エンジンは，さまざまな分野の知識や専門性を活用してより高い価値を提供し，ユーザーの信頼を高めています。

一方で，レコメンデーション・エンジンは自らの意図を常に遂行しています。その意図とは，「情報提供」「アドバイス」「予測」「説得」「ナッジ（後押し）」「誘導」「共有」「アップセル（上位モデル商品の提案）」「クロスセル（セット購入商品の提案）」「信頼構築」「スティッキネス向上（サイト滞在時間の延長・リピーターの増大・利用頻度の向上）」「顧客ロイヤルティーの向上」「喜びや驚きの喚起」「明示的評価・レビューの獲得」「コミュニティーの形成」，そして何といっても「個別化」です。しかも，不快感や押し付けがましさ，搾取的な印象を与えないようにしながら，ビジネスとユーザーの両方のニーズに応えなければなりません。このような緊張や葛藤，願望の調整こそ，ユーザー・エクスペリエンスの設計と期待値管理（エクスペクテーション・マネジメント）の本質といえます。

その結果，レコメンデーション・エンジンの設計者は，情報とインスピレーションを求めて，認知心理学や社会心理学，社会学，行動経済学などの研究領域に注目するようになりました。

こうした領域は，ユーザーと自分たちにとって役立つレコメンデーションとは何かという課題についてのより深い理解につながります。新たに生み出されていく技術は新たな文脈をつくり，そこから新たなレコメンデーションが生まれます。そして新たなレコメンデーションが顧客の行動を変化させるのです。

あらゆるものがレコメンド（推奨）されるようになった今，ユーザー・エクスペリエンスとユーザーの期待を創造的な方法でどのように一致させるかという課題が，Netflixの変革から浮き彫りになりました。Netflixの個別化への熱いコミットメントは，テクノロジーやデバイスをはるかに超えるものです。「レコメンデーションを組み込み，Netflixのサービスを最大限に個別化することが，ユーザーにとってとてつもなく大きな価値を生むことに，私たちはようやく気づきました」と，データサイエンティストでエンジニアのハビエル・アマトリアインとジャスティン・バジリコは述べています。

Netflixの経営陣は，コンテンツの質と同じくらいNetflixのRXの質が将来の成功を左右することを理解しています。レコメンデーションの革新は，ユーザーの行動にはっきりと影響を与えるものでなければなりません。ですが，もともとDVDの在庫管理用に開発されたレコメンデーション・システムが，今ではNetflixの屋台骨である，視聴者にとって見放題で熱中できる映画配信サービスを支える存在にまで成長するとは，誰が想像できたでしょうか。

Netflix Prizeの開催発表からわずか1年後，Netflixは独自のインターネット動画配信サービスを開始しました。AppleがiPhoneを発売した年と同じ2007年に始まったそのサービスは，すべてを変えました。その3年後にAppleのiPadが発売されると，変化は加速し，一層激しくなりました。タッチスクリーンとストリーミングの融合によって，レコメンデーション・エンジン・エクスペリエンスの設計ルールがすべて塗り替えられていくことになりました。

「ストリーミングが変えたのは，ユーザーがサービスに影響を与え合う利用方法だけではありません」。Netflixは2012年のブログでそう宣言しています。「アルゴリズムに使用できるデータの種類も変わりました。Netflixが宅配DVDレンタル事業を展開していた時代には，ユーザーの思考のプロセスは映画を評価することで表現されていました。ユーザーは数日後に見たい映画を専用ウェブサイトのリストに加えます。そこには意思決定というコストが発生するうえ，報酬（DVD）はあとにならないと届きません。しかしストリーミングでは，その場で映画を再生することができ，ユーザーが気に入らなければ，ほかの映画に切り替えればよいだけです。そのためユーザーは評価を明示することにメリットを感じず，労力もかけないのです」。

ストリーミングを中心としたレコメンデーション・プラットフォームの再構築によって，アルゴリズムやエクスペリエンスも根本的に見直されることになりました。「こうした新たな要件を個別化のアルゴリズムに適応させた結果，今ではNetflixの全視聴動画の75％が何らかのレコメンデーションを起点としたものになっています」と，アマトリアインとバジリコは言います。「ユーザーのエクスペリエンスを継続的に最適化することによってここまでたどり着きましたが，ユーザーの個別化を改善するたびに彼らの満足度も大きく上昇しています」。

Netflixは，データに基づいて設計されたレコメンデーション・システムを使ってユーザーごとにNetflixのホーム画面を個別化しただけでなく，そのプロセスにも関心を向けるようにさりげなくユーザーをうながしました。「Netflixがどのようにユーザーの好みをサービスに反映しているかをユーザーに気づかせようとしたのです」と，Netflixの二人のエンジニアは続けます。「そうすることで，システムの信頼性を高めるだけでなく，レコメンデーションの改善につながるフィードバックの提供をユーザーにうながすことができるからです」。

ユーザーの意識喚起はNetflixの戦略の第一段階にすぎませんでした。同社はレコメンデーションによってユーザーの理解度をさらに高めることを企図していたのです。「個別化された情報の信頼性を高める方法の一つは，なぜその映画や番組がすすめられたのかという理由を説明することです」と，アマトリアインとバジリコは言います。「そのコンテンツがおすすめされている理由は，Netflix のビジネスのニーズからではなく，ユーザーの好みや評価，閲覧履歴，さらには友達のレコメンデーションなど，ユーザーから得た情報と一致するものだからなのです」。

Netflixのレコメンデーションでユーザーのエクスペリエンスと期待を適合させるうえで重要になるのが，透明性と信頼性です。ユーザーのほとんどは，自分の信頼するレコメンデーション・エンジンを利用するため，リスクを冒して自分の時間を費やしています。したがって，ユーザーにとって，レコメンデーションは商品やサービスの広告手段というよりも，特別なお客様への招待状を受け取るような体験になるのです。

Netflixは，ストリーミング，個別化，プラットフォームとして絶えず自らをつくり変えることによって，まったく新しいタイプの顧客「ビンジ・ウォッチャー」*1を生み，育て，喜ばせてきました。ビンジ・ウォッチャーの数を増やすには，信頼性の高い個別化されたレコメンデーションの数も同時に増やすことが欠かせません。一方で，ビンジ・ウォッチャーの数が増えれば増えるほど，信頼性の高い個別化されたレコメンデーションを生成するための重要なデータや分析結果を得ることができます。こうして，レコメンデーション・エンジンの体験からビンジ・ウォッチング（一気見視聴）へとシームレスにつながっていくのです。

*1　テレビドラマシリーズなどを長時間かけて複数話分まとめて視聴する一気見視聴者。

「Netflixのテレビ番組配信サービスがつくり出したブランドは，ビンジ・ウォッチングです」。NetflixのCEO兼共同創設者であるリード・ヘイスティングスは2011年当時，こう述べています。「新しいエピソードが気に入って，夢中になって次から次へと見てしまう。やみつきになる，エキサイティングでこれまでにはない体験です」。ビンジ・ウォッチングの増加は，Netflixの企業価値やハリウッドへの影響力の拡大と完全に相関しています。

同じ時期に行われた調査によると，アメリカ人の60％以上が自分たちをビンジ・ウォッチャーの「常連」であると考えており，さらに，同調査対象者のほぼ3/4が「お気に入りの番組を複数話続けて見ると番組をより楽しめる」と回答していることがわかりました。

ここには，Netflixの大きな意図があります。個別化は，顧客が楽しんで視聴できそうな番組を提案することだけに限りません。Netflixのオントロジー（概念）とテレロジー（目的）から見た個別化とは，顧客が楽しんでビンジ・ウォッチングできそうな番組をすすめることです。この二つの種類のレコメンデーションは，その期待や願望，意図，そして生成される結果がそれぞれに大きく異なります。顧客をよく理解するがゆえに，Netflixのレコメンデーション・エンジンは堂々と顧客にコミットメントを求めます。そしてNetflixの顧客もレコメンデーション・エンジンを信頼し，それに応えようとしているのです。

選択アーキテクチャー

レコメンデーション・エンジンの体験は，本質的にはユーザーの選択に関する一つの物語です。一方，行動経済学は，選択アーキテクチャーという概念にまつわる物語をひもとく学問です。だからこそ，レコメンデーション・エンジンは，明示的にデザインされた場合にも暗黙的なデフォルトが示される場合にも，すべて行動経済学の産物といえます。

行動経済学とは，心理，つまり思考と感情が経済的な意思決定にどのような影響や効果を与えるかを研究する学問であり，ノーベル賞を受賞した分野です。行動経済学の起源と洞察は，2002年のノーベル賞受賞者ダニエル・カーネマンの著書『ファスト＆スロー　あなたの意思はどのように決まるか？』(2012年，邦訳：2014年，早川書房)，および2017年に同じくノーベル賞を受賞したリチャード・セイラーの『行動経済学の逆襲』(2016年，邦訳：2016年，早川書房)で見事に説明されています。両書が指摘する最も重要なポイントは，人は自分が行う決定や選択について「予測可能である不合理な」行動をとるという点です。一見すると選択肢の提示方法や構造がほんの少し変わっただけでも，意思決定の結果が劇的に変わってしまうことがあります。適切なタイミングでさりげなく受けた後押しが，すべてを変えてしまうことにもなりかねません。

だからこそ，選択アーキテクチャーは非常に重要であり，すべてのレコメンデーション・エンジンの開発エンジニアは本質

レコメンデーション・エンジンは，
明示的にデザインされた場合にも暗黙的
なデフォルトが示される場合にも，
すべて行動経済学の産物といえます。

的には選択アーキテクト（設計者）なのです。

選択アーキテクチャーはわかりやすく表現すると，「意思決定に影響を与えることを目的とした選択の設計」という意味です。この定義でいう設計は，ユーザーインターフェイス，関連するテキスト，画像，音声，選択肢の表示方法などの設計を指します。当然のことですが，Netflix，Amazon，Booking.comのレコメンデーション・エンジンにもこの概念が反映されています。選択肢とレコメンデーションとは必ずしも同義語ではありませんが，レコメンデーションは必ず選択肢を提示します。優秀なレコメンデーション・エンジンの設計者は，フレーミング効果やアンカリング効果といった影響力や行動誘発力があり，かつ実用的な心理的ヒューリスティクス（発見的手法）をレコメンデーション・エンジンの研究と開発に活用しています。そうした取り組みの成果は，非常に説得力があります。

レコメンデーション・エンジンの設計者にとっては，これらのヒューリスティクスは，例えるなら，ブロックのようなものです。では，彼らはユーザーにどのようなレコメンデーションを体験してほしいと考えているのでしょうか。その一例が，ノーベル経済学賞受賞者で行動経済学研究者のリチャード・セイラーと共同研究者でハーバード大学法科大学院教授のキャス・サンスティーンが提唱する「ナッジ」（そっと後押しすること）です。「ナッジ」とは，いってみれば，ユーザーにヒントを与えるような提案と，強い推奨との中間のようなレコメンデーションです。

セイラーとサンスティーンはベストセラー『実践　行動経済学』(2008年，邦訳：2009年，日経BP)で，「ナッジ」を「選択を禁じることも，経済的なインセンティブを大きく変えることもなく，人々の行動を予測可能なかたちで変える選択アーキテクチャーのあらゆる要素を意味する。純粋なナッジとみなすには，介入を低コストで容易に避けられなければいけない」と説明しています。

一般に，成功するナッジとは，経験や実験に基づく洞察から生まれ，予想外の意思決定行動を確実に引き起こすものです。たとえば，バージニア州のあるスーパーマーケットは，健康的な食生活を啓発するため，「ナッジ」を応用した簡単で低コストのキャンペーンを行いました。ショッピングカートの中央に明るい黄色のテープを貼ってカートのなかを「前方」と「後方」に仕切り，「果物と野菜はカートの前方に，そのほかの商品は全部後方に入れてください」という表示を置いたのです。自分が選んだ生鮮食品と加工食品とのバランスがひどく偏っていることに気づいた買い物客は，その行動を目に見えて変えていきました。なんとそのキャンペーンの期間中，野菜や果物の売り上げは倍増したそうです。

「社会的証明」は，データを活用した意思決定に大きく影響する，もう一つの行動経済学的ナッジの手法です。「あなたのような人」「これを買った人は○○も買っています」のような協調フィルタリングを使ったレコメンデーション・エンジンは，典型的な社会的証明タイプの選択アーキテクチャーです。同じように，AirbnbやBooking.comなどの宿泊先予約サイトで，特定のホテルやゲストハウスの情報を閲覧している人数や部屋を予約した人数を表示する方法（例：「現在3人がこの部屋を閲覧中です」や「あなたが選択した日付で12人がこのタイプの部屋を予約しています」）は，「ナッジ」が及ぼす社会的な影響を反映しています。社会的証明や群集行動，機会を逃してしまうことに対する恐れといった，一見合理的とさえ感じてしまう要因によって，多くのユーザーを衝動買いへと駆り立てるのです。こうしたちょっとしたナッジは，レコメンデーションを大きく後押しすることがあります。

「私は，ナッジは人々にGPSを与えるようなものだと考えています。私たちはGPSに行きたい場所を入力することはできますが，その指示に従う必要はありません」とセイラーは述べています。

そうはいっても，指示にまかせるのも悪くないかもしれません。たとえば，米配車サービスのUberは，運転手の稼働を維持し，競合会社Lyftへの流出を防ぐため，Netflixの「オートプレイ機能（自動再生機能）」に似たアルゴリズムを活用しています。Netflixでユーザーが視聴中の連続ドラマのエピソードが終わると，次のエピソードが自動的に再生されるように，Uberは運転手が乗車中の客が降りる前に，次の客の想定運賃をプラットフォームで提示（おすすめ）します。ナッジはうながすものであって，強制はしません。ナッジとは，役に立つと「感じさせる」ものなのです。

レコメンデーションを実際よりもよく見せるために，「おとり効果（デコイ・エフェクト）」を利用するという選択アーキテクチャーの手法もあります。「非対称の優位性」としても知られるおとり効果は，一般的に人が選択を評価する際に起こる認知バイアスを応用したものです。典型的なおとり効果の例として，経済誌『エコノミスト（*The Economist*）』のオンライン販促プロモーションがあります。同誌は「デジタル版」「紙版」「紙版＋デジタル版」の3種類の定期購読プランを提供しており，料金は「デジタル版」が69ドル，「紙版」が119ドル，そして「紙版＋デジタル版」も同じく119ドルです。これなら「紙版＋デジタル版」のプランを選ばない人はいないでしょう。一番お得に見えますから。

もちろん，同誌の選択アーキテクトは，この内容が異なる二つのプランを同じ価格で販売するという提案が不合理に見えることを知っています。しかも，真ん中のオプションをおとりにすることで，3番目のオプションが妥当に見えることもわかっているのです。このおとりを除いてみると，実態が明らかになります。あるオプションが，別のあるオプションと比べてすべての面で劣っているが，もう一つの別のオプションと比べて劣る点も優れている点もあるとき，このオプションは「非対称的に支配されて」いるのです。非対称的に支配されたオプションが考慮集合*[2]に含まれると，消費者は最大の（最も高価な）オプションを選択する可能性が非常に高くなります。本物の狩りと同じように，デジタルなおとりも明らかに機能するのです。

こうした「非対称の優位性」がもたらす予想可能な不合理性は，おとり効果を利用したレコメンデーションにも当てはまります。ここで重要になるのが選択肢の提示です。「非対称の優位性」は本当にナッジといえるのでしょうか。技術的には「イエス」です。といっても，あまり信頼できないものですが。ナッジは本質的に倫理的な懸念を生みます。人間の欠点や弱点に根ざしたレコメンデーションは，役に立つというよりは操作的に感じられるかもしれません。ナッジにはつくり手の動機が反映されるからです。ウォーリック大学ビジネス・スクールの行動科学グループのダニエル・リードは，「（行動経済学には）多くのモラル上のジレンマがある」と，ナッジに潜む懸念について同調しています。

ナッジに肯定的な人は，「ダークナッジ」*[3]など存在せず，「ダークナッジの利用者」だけが存在すると主張します。搾取をもくろむ選択アーキテクトは，悪徳な家主と何ら変わりありません。自著で「よいナッジ」という表現を使ったリチャード・

*[2] 購買検討の対象となる製品・サービスの集まり。
*[3] 消費者を欺く意図のあるナッジ。

セイラーは，こうした善意というより搾取的なナッジを「スラッジ（ヘドロ）」という言葉で表現しています。セイラーが述べたナッジの三原則は次のとおりです。

・ナッジは透明性が高く，誤解を招くものであってはならない。
・ナッジは簡単に拒否できるものでなければならない。
・ナッジは，その対象となる人々の幸福を向上させるものでなければならない。

これら三原則は，「レコメンデーション」に置き換えた場合でも妥当であり，説得力があります。それは偶然ではありません。ナッジは暗黙的にレコメンデーションを提案し，レコメンデーションは明示的にナッジを行うものだからです。セイラー，サンスティーン，カーネマンの全員が，透明性と信頼性が非常に重要であると主張しています。

こうした原則に基づき選択アーキテクチャーを定義していくことは，レコメンデーション・エンジンがもたらすエクスペリエンスの未来を考えるうえで，ますます重要になっています。個別化プラットフォームの技術向上の進展に伴い，データ駆動型のアルゴリズムによってレコメンデーションのみならずナッジの個別化もますます高精度になっていきます。たとえば，レコメンデーション・エンジンは，ユーザー一人ひとりのレコメンデーションの質を高めるために最適なナッジの手法を学習することができるようになるでしょう。また，計算によってナッジを組み合わせることで，レコメンデーション・エンジンのユーザーへの影響を最大化することも可能になることが予想されます。このようにレコメンデーション・エンジンの機能が向上していった場合，倫理的なレコメンデーション・エンジン活用を推進するためのシステム設計の指針となる選択アーキテクチャーの原則があるとすれば，それはどのような原則なのでしょうか。設計と倫理活用の両方を満たす原則は，ユーザーが自分にとって最善の利益とは何かをより明確にする手助けを提供することなのかもしれません。

実際，レコメンデーション・エンジンの活用は人々の意思決定にかかる時間を短縮しないことが学術研究によって強く示唆されています。むしろ，レコメンデーション・エンジンは，ユーザーが最終的に決める前にほかの選択肢も検討するようにうながすのです。ユーザーの意思決定プロセスに要した時間に対する認識と，検討した選択肢の数とは関連しないことは研究によって裏付けられています。優れたレコメンデーション・エンジンとは，意思決定を急がせるのではなく，ユーザーの自己認識を高めるものなのです。

「選択可能性」の研究者であるアンソニー・ジェイムソンにとって，これはナッジ以上の意味をもちます。彼は「優れた選択プロセス」を実現するレコメンデーション・エンジンのエクスペリエンスの設計を研究していました。ジェイムソンは，「人は通常，自分や他人に対して選択理由を論理的に説明するだけでなく，正当化できるようにすることを望んでいる」と述べています。Netflixが示すように，レコメンデーション・エンジンは合理的な説明をつくることが非常に得意です。おそらくレコメンデーション・エンジンは，ユーザーをよい気分にさせる口実や，誰かの決断を正当化するために使われる言い訳など，違った種類の説明を生成できる能力があるのかもしれませんし，そうであるべきです。倫理的なレコメンデーション・エンジンの開発者は，「連続ドラマを一気見したあとの喪失感を和らげる方法を考える」など，レコメンデーションを提案したあとの影響も考慮してシステムを設計しなければなりません。

同様に，行動科学の研究や個人的経験から，ほとんどの人は何かを決める際に「スピードと快適さ」「時間とお金」「場所と利便性」といった受け入れ難いトレードオフ（引き換え条件）を嫌うことが明らかになっています。ところが，レコメンデーション・エンジンは，ユーザーに代わり，計算によってこれらのトレードオフを規範的に個別化し，優先順位をつけることができます。ストレスの多いトレードオフからユーザーを守りつつ，よい選択をうながすレコメンデーション・エンジンは，セイラーが提唱する原則を忠実に守っていることになるのでしょうか。

その意味では，レコメンデーションという「予防薬」は，健全でクリーンな選択肢であるように思われます。個別化された提案を算出するレコメンデーション・エンジンやよい選択をうながすフィルタリングを使えば，スラッジをかき出し，あやしい非対称支配のおとりや設定を排除できるからです。このことは，ユーザーにとってよい選択を行うための選択アーキテクチャーや，よいレコメンデーション・エンジンを体験するためのレコメンデーション・エンジンをユーザー自身が選ぶことができる可能性を示しています。つまり，NetflixやUber，Amazon，デジタル版『エコノミスト』をさらに効率よく使いこなすための，自分だけの超高性能レコメンデーション・エンジンをユーザーの手で選ぶのです。

戦争が将軍だけにまかせるにはあまりにも重大事であるように，レコメンデーションもその重要さゆえに選択アーキテクトやシステム開発者にのみ委ねられるものではないことを，ジェイムソンの包括的研究テーマは示しています。人々が実際にどのようにレコメンデーションを体験するかは，よくも悪くも，レコメンデーションそのものと同じくらい重要なのです。

この点においては，レコメンデーション・エンジンは，弁論的(レトリック)な概念ともいえます。実際ユーザーは，多くの場合，レコメンデーション・エンジンを，「よりよい選択肢を優先的に提示する」システムではなく，「説得のためのプラットフォーム」として体験しているのです。アリストテレスが唱えた弁論術がレコメンデーションの説得力とレコメンデーション・エンジンの設計の両方に与えた影響は，奥深いものがあります。

情報フィルタリングの研究からレコメンデーション・エンジンが生まれ，行動経済学からナッジが生まれました。そして1990年代にシリコンバレーのスタンフォード大学から生まれたのが，「説得的テクノロジー（Persuasive Technologies）」です。当時，実験心理学を専攻する大学院生だったB･J･フォッグは，「説得的テクノロジーとしてのコンピューター（computers as persuasive technology）」という新しい研究分野を切り開き，その頭文字をとって「キャプトロジー（captology）」と名づけ，スタンフォード大学内に「説得的テクノロジー研究所（Persuasive Tech Lab）」を設立しました。フォッグは「基本的に，私の考える説得的テクノロジーとは，行動の変化を自動化することを学習することである」と記しています。

フォッグは，説得を「態度や行動を変えようとする非強制的な試み」と定義しています。キャプトロジーでは，無理強いやユーザーを操ろうとする行為を排除しようとする自発的な変化を重視します。サンスティーンとセイラーの「ナッジ」に対し，フォッグは望ましい結果に直結するレコメンデーションという意味の「ホットトリガー（熱い引き金）」を考案しました（1999年に特許を取得したAmazonの「ワンクリック注文」は「ホットトリガー」の一例です）。「動機をもった人々の経路にホットトリガーを置け」というのが，フォッグが提唱した選択アーキテクチャーの設計のテーマでした。

フォッグのスタンフォード大学での経験や，キャプトロジーという学問を見出したという事実，そして彼の鋭い視点は，まさに説得力や影響力のあるものでした。オンラインマガジン『パシフィック・スタンダード』は，フォッグが2007年に行った有名な「Facebook教室」というクラスについて触れ，「授業を通じて学生たちは猛烈なスピードでFacebookのアプリを設計・開発し，総勢75人のうちの多くがキャリアを手にし，そのうちの何人かは学期の終了を待たずに大金を稼いだ」と伝えています。

「10週間の学期が終わった頃，学生たちがつくったアプリはFacebookで1,600万人以上のユーザーを獲得していました。学期が終了してから数週間後に再度反響を集計すると，1,600万回だったユーザーインストールの総数が2,400万回に増えていたのです」と，フォッグは振り返ります。学生の一人は卒業後に授業で作成したアプリを改良し，のちにFacebookが10億ドルで買収することとなる画像共有サイトInstagramを仲間と共同で立ち上げるに至りました。Instagramが今では世界を席巻するソーシャルメディアとなったことは言うまでもありません。

この事例が指し示しているアリストテレスの弁論術にも似た重要なポイントは，「説得」はもはや製品特性やサービスの特徴，デジタルマーケティングの仕掛けではなく，システム開発における中心的な設計原理と考えられ，扱われているということです。つまり，ユーザー・エクスペリエンスは説得や説得力の向上を中心的な目的として設計されており，レコメンデーションは「アドオン」ではなく，そもそも内蔵されている機能であるということです。

このような感性は，「あらゆるものがレコメンデーションの対象になる」選択アーキテクチャーやイノベーションの文化へと自然とつながっていきます。すべてのピクセルとタッチポイントは説得の機会としてみなされ，触れられるとともに，すべての個別化されたエクスペリエンスが説得の体験になっているのです。ナッジ，トリガー，説得，選択の境界線は曖昧になりつつあります。

視覚化のレコメンデーションとレコメンデーションの視覚化

Netflixは，選択，トリガー，ナッジをデータに基づき組み合わせることによって，説得力の高い個別化されたユーザー・エクスペリエンスを実現させた素晴らしい事例といえます（ただしTikTokは，世界的に高品質な動画配信サービスを実現するためにUXとRXを融合させるという取り組みを行っていますが）。Netflixは，作品選択画面で作品紹介に使われるタイトル画像がユーザーの選択に大きな影響を与えることを知っていました。もともとはDVDカバーのサムネイルのような製作元から提供された一般的なタイトル画像を使用していましたが，品質や見た目にばらつきがあったため，Netflixは制限時間内で素早くユーザーの気を引くことができるタイトル画像を特定するための実験を行いました。エンゲージメント指標は，クリック率（CTR），累計視聴時間，短時間視聴の割合などでした。

2016年，Netflixのクリエイティブサービスのグローバルマネージャー，ニック・ネルソンは「消費者調査を行った結果，ユーザーのコンテンツ視聴の意思決定に最も大きく影響を及ぼす要因がアートワーク（タイトル画像）であったことに加え，Netflixのコンテンツ選択画面の閲覧中ユーザーの意識の82％以上がアートワークに向けられていることが示唆された」と明かしました。「同時に，Netflixでユーザーが作品選択画面に表示された作品を検討する時間は1作品あたり平均1.8秒であることもわかったのです」と彼は説明しています。

それまでNetflixは，最大数のユーザーに最もアピール力のある画像を特定し，作品のタイトル画像を制作していました。たとえば，『ストレンジャー・シングス　未知の世界』の視聴ユーザー数と再生回数を最大化するためにどのような画像を使用すればよいかを検証するため，何千回もの実験を行っていたのです。見直しの結果，研究者たちはこのアプローチが間違っていたことに気づきました。

ある研究者は「ユーザーの趣味や好みには膨大な種類があることを考えると，それぞれの作品特性のなかでユーザー一人ひとりに最も関連性の高い部分を特定し，それを強調した画像を検出するほうがよいのではないか」と記しています。

Netflixによると，この実験は「Netflixがユーザーに何をすすめるかだけでなく，その提案方法をも個別化した最初の事例」だったといいます。実験の目的はサムネイルを中心にレコメンデーション・エクスペリエンスを根本的に見直すというもので，具体的には，ユーザーが見たい作品をより早く見つけられる画像や，ユーザー・エンゲージメントおよび累計視聴時間の明らかな向上につながる画像を特定するとともに，複数の評価画像のなかで作品の内容を歪めるような画像がないことを確認する（逆効果になる紛らわしい画像を除外する）ことを狙いとしていました。

「Netflixの作品選択画面の各セクションは，一つの貴重な不動産物件のようなものです」と，Netflixのバジリコは断言しました。「それだけに，なぜNetflixオリジナルの新作ドラマや映画の画像が自分の画面に表示されているのかをユーザーに理解してもらいたいのです」。

それを実現する方法はこうです。「タイトル画像はそのユーザーの視聴習慣をベースに選択します。恋愛コメディーを例にとると，コメディー好きのユーザーにはその映画のなかのコメディーシーンの画像を表示します。一方，恋愛ドラマをよく見る別のユーザーには，映画中のカップルのデートシーンの画像を使います。簡単にいえば，手持ちの画像のなかからそのユーザーに最もふさわしいものを表示することで，ユーザーが映画の内容を理解できるようにするということです」。

「仮に『グッド・ウィル・ハンティング／旅立ち』をあるユーザーに推奨するとしましょう」と，バジリコの同僚で共同研究者のトニー・イバラがつけ加えます。「そのユーザーが『ズーランダー』と『アレステッド・ディベロプメント』を見ていたことから，ユーザーが大のコメディー好きであると判明した場合，タイトル画像にはロビン・ウィリアムズの写真が入っている可能性が高くなります」。このような画像の個別化は，ナッジとホットトリガーのどちらといえるでしょうか。

Netflixの個別化の実験は現在も幅広く継続的に行われています。実験を通じ，作品中の「象徴的な登場人物」または「主人公と対立する登場人物」の画像が最も良好な反応を示したことが判明したほか，個別のユーザーに対するタイトル画像の効果を最大化する画像の編集方法や選び方もわかりました。つまり，効果的なサムネイルの条件は，「①情緒的な表情をクローズアップしたもの」「②ヒーローではなく悪役を表示したもの」「③表示された登場人物が三人以内のもの」であることが調査によりわかったのです。このようにタイトル画像の選択アーキテクチャーの設計を見直すことで，Netflixは顧客エンゲージメント指標を狙い通りに改善し，作品の価値を高めることに成功しました。

この「顧客エンゲージメント」という芸術的ともいえる指標は，賞金100万ドルのNetflix Prizeのアルゴリズム・コンテストの指標とはまるでかけ離れたものでした。コンテストが行われていた2009年当時，エンジニアたちは，レコメンデーション・エンジンの予測精度を向上させるために，MSE（平均二乗誤差）の統計数値の縮小を評価基準として競い合っていました。それから5年足らずのうちに，Netflixはユーザー・エクスペリエンスが最も重要であることをはっきりと認め，2014年に開催された国際学会「RecSys」で当時のNetflixのアルゴリズム責任者が，（MSEに比べて実際の結果と予測値との誤差がよりはっきりと把握できる）RMSEが重要経営指標（KPI）であると明記したスライドを発表したのです。

もっと重要なことに，Netflixのタイトル画像の革新的事例は，より大きな個別化の接点としてのメディアの大切さを物語っています。ノートパソコンやタブレットの画面では個別化されたサムネイルのインパクトは十分に伝わりますが，スマートフォンの小さな画面ではそうはいきません。作品選択画面という「貴重な不動産物件」にさらに大きなレコメンデーションの価値を吹き込もうとするシステム開発者の技量は，物理的な制約やフォームファクターによってまるで「プロクルステス」*4のように杓子《しゃくし》定規にはめられます。画面の上の「空き地」にサムネイルを配置しても，どこかの時点で，サムネイルが小

*4 ギリシャ神話に登場する強盗。捕らえた旅人を寝台に乗せ，体がはみ出ていると切り落とし，短すぎるとたたき伸ばして殺したという。

さくなりすぎたり，画面の外にはみ出てしまったりしてしまいます。単純に，画面には限られたスペースしかないのです。

オランダのデータサイエンス企業Mediaanは，Netflixの作品選択画面における推奨作品表示アルゴリズムについて以下のようにその種類を分析しています。Mediaanによると，Netflixは画面のすべての区画（行）を個別化するために惜しみない労力を費やしているそうです。画面の上にあるすべての行には理由があり，すべての理由にはそれに合った行が用意されているのです。

Netflixの推奨作品表示アルゴリズムの種類

- **「個別化動画格付けアルゴリズム（Personalized video ranker）」**
  Netflixのカタログのすべての作品を各ユーザーのプロファイルに合わせて個別に順序付けするアルゴリズム。作品選択画面の「ジャンル行」に表示する推奨作品を抽出する。例：「Movies with a Strong Female Lead（強い女性が主人公の映画）」。
- **「トップN 作品格付けアルゴリズム（Top N video ranker）」**
  「Top Picks（厳選）」行のレコメンデーションを生成するアルゴリズム。カタログ全体から，各ユーザーの好みに沿って個別化されたレコメンデーションのなかで最上位にあるものを複数検出する。

・**「トレンディング・ナウ・アルゴリズム（Trending Now）」**
短期的なトレンドを検出し，それに沿った作品を「Trending Now（今話題の作品）」列に表示するアルゴリズム。トレンドには，毎年恒例のトレンド（ハロウィーンやクリスマスなど）と，特定のカテゴリーや映画への関心を高める単発イベント（「ハリケーンが発生すると自然災害のドキュメンタリーへの関心が急上昇する」など）の2種類がある。

・**「継続視聴アルゴリズム（Continue Watching）」**
ある特定のビデオの視聴を再開する可能性に基づいて，「Continue Watching（続けて見る）」行に表示する作品を格付けするアルゴリズム。

・**「動画間の類似性検出アルゴリズム（Video-Video similarity）」**
「Because You Watched...（あなたが視聴した動画から……）」列を処理するアルゴリズム。処理プロセスは2段階構成となっており，1段階目では，カタログ内の（個別化されていない）各動画に類似した動画のリストを生成し，2段階目では，列に表示された各動画を個別化して格付けする。

・**「ページ生成（列選択と格付け）アルゴリズム（Page Generation: Row Selection and Ranking）」**
作品選択画面ページ全体の生成（関連性と多様性に基づいて，どの行をページのどの部分に表示するか）を算出するアルゴリズム。

こうした推奨表示の手法は，「形態が機能に従う」のではなく，「フォームファクターが影響力に影響する」という「バウハウスの原則」の逆を行く考え方を追求しています。つまり，デバイスの物理的な限界や制約がレコメンデーションの提案方法を定義し，決定するということです。これは，本の表紙やホテルのロビーの写真などといった画像が中心のレコメンデーション・エンジンを見れば明らかです。一方で，恋愛マッチングサイトでは，推奨対象がはっきりと写った正確な写真が求められます。これは，ユーザーが自分の選択肢を推奨画面上で確認する必要があるためです。

こうした推奨形式の設計課題は，画像だけでなくほかの感覚的な伝達レコメンデーションの提示においても例外ではありません。たとえば，楽曲を推奨するためのナッジや選択肢をどのように提示するか，曲をスキップしたり，プレイリストを削除したりするのに最適なUXとはどのようなものかといった課題です。レコメンデーション・エンジンを採用したカーナビならば，最速ルートや景色のよいルート，最寄りのトイレまでの最短ルートを音声でリアルタイムにすすめるといったようなことになります。

このことは，AlexaやSiriのような音声駆動型サービスのユーザー体験に特有の課題を浮き彫りにしています。「楽しい曲をかけて」というリクエストと「元気が出るような，楽しい曲をすすめて」というリクエストはまったく違うのです。

「形態が機能に従う」のではなく，
「フォームファクターが影響力に
影響する」

AlexaやSiriは，ただ返事を返すだけでなく，レコメンデーションを出してはっきりと選択肢を提案できるでしょうか。SiriやAlexaはどうやって音声を使ってユーザーをナッジするのでしょうか。そのうち，SiriやAlexaがBluetoothやApple AirPodsを通して提案をささやくようになるかもしれません。

Amazonは，このマルチモーダル（多機能）なレコメンデーションの課題に対応することを戦略的意図として明言しています。2019年，Amazon幹部のデイヴィッド・リンプは，当時始まったばかりで急速に拡大していた，Amazonのレコメンデーションの専門知識を同社のデジタルなエコシステム全体に広げようという「Alexaエコノミー」を提唱しました。

2018年に運用開始された「Alexa ハンチ」というプロアクティブな（先回りして動く）レコメンデーション・サービスは，「Alexaエコノミー」の一例です。このサービスはもともと，ユーザーが普段は消灯している夜の時間帯に電気をつけっぱなしにしていると知らせてくれるといったリマインダーや通知機能の提供が中心でした。その後「Alexaハンチ」はアップグレードされ，Alexaがモニタリングしているユーザーの習慣や行動に基づいて特定のタスクの自動化を推奨するようになりました。このようなAlexaによる日常的なルーティンタスクの自動化機能は「定型アクション」と呼ばれています。

この機能では，たとえばユーザーがある決まった時刻に目覚まし時計（アラーム）を設定し，通勤経路の交通情報を定期的にチェックしていると，Alexaがその行動を定型アクションとして追加するかユーザーに提案します。そして通勤経路の交通情報をチェックしたあとにテレビのニュース番組をつけると，Alexaがそれについて定型アクションを作成するかユーザーに尋ねます。Amazonのリサーチャーは，米国のテクノロジーWebサイト『VentureBeat（ヴェンチャービート）』の取材に対し，アラームや交通情報，ニュースを中心にレコメンデーションを構築することは合理的だと語っています。このような用途は，ほとんどの人がデジタルアシスタントを使って最も頻繁に行う典型的な行動と一致するからです。

この定型アクション機能がAlexaのレコメンデーションの将来的な計画で特に重視されている理由は，「日常生活にデジタルな機能や音声アプリを定期的に取り入れているユーザーほど，定型アクションを取り入れる率が高くなる」という重要な点をAlexaのスマートスピーカー事業の成長から学んだからです。このような規則性が予測可能性を生み，その予測可能性がレコメンデーションを引き出すのです。

AlexaのAI担当チーフサイエンティストのロヒット・プラサドは，2019年の『VentureBeat』の取材時に次のように話しています。「AIの科学者として，人々の日常のルーティンを正しく理解することは最も難しい問題の一つです。そこが今，（定型アクションを通じて）ユーザーのフリクションを解消し，動的に日常の規則的な行動を提案して音声によって実行させようとAmazonが取り組んでいる部分ですが，ここであらためて，期待値を設定したいと思います。定型アクションはエキサイティングな機能ですが，この機能についてはまだまだ学ぶことがたくさんあります」。

さらにプラサドは，Amazonのウェアラブルデバイスは状況認識やコンテクストの認識を活用して，屋外でもレコメンデーションを作成するようになるだろうとつけ加えています。AmazonのAlexaを搭載したイヤフォンEcho Budsを使い，店舗でショッピング中のユーザーに，ホールフーズ（Amazon傘下のオーガニック食料品スーパー）のおすすめ商品を鳥のさえずりのように耳もとでささやくといったことができる可能性だってあるのです。「人々がこの機能を実際に使うようになれば，お店のセールや割引クーポンの情報をデバイスが音声で前もって教えてくれるようになる日が，そう遠くない未来に訪れるかもしれません」と，彼は語っています。

このような音声によるレコメンデーションは，セレブを使ってアレンジし，もっと魅力的にすることもできます。Amazonは，Alexaのオプションとして，サミュエル・L・ジャクソンのような有名人の声で天気予報を読み上げたり，カレンダーのスケジュールを伝えたりするオプションの提供を始める計画を発表しています。たとえば，ユーザーが次にすべきタスクを本人に対して助言してくれる著名人を事前にカスタマイズできるようなれば，ナッジの価値にも大きな影響を与えることができます。「体を動かしましょう」と前向きに励ましてくれる著名人と，おすすめのレストランや音楽を提案してくれる人との声を別々に設定することもできるかもしれません。

当然のことながら，Amazonが音声によるレコメンデーションと応答に依存するようになればなるほど，「フラストレーション検出」への本格的な投資と実験が求められるようになります。不満をはじめとするさまざまな声色の変化をリアルタイムで認識することは，人間の感情を理解するというより大きな研究活動の一環でもあります。Amazonはすでに，Alexaと「Alexaハンチ」を改善するために，LSTM（Long Short Term Memory：長・短期記憶）ニューラルネットワークを使って，声のトーンや実際の言葉をモニタリングしています。そうすることで，ユーザーがAlexaの回答やレコメンデーションに満足しているかどうかを判断するのに役立てているのです。

「Alexaが人々の生活に浸透していくなかで，最もパワフルで変化に富んだ要素がレコメンデーションです。あなたのニーズを予測し，そのニーズを満たすためにすべての摩擦を取り除くことができる能力です」と，『VentureBeat』は結んでいます。

デバイスが絶えず進化し，視覚，聴覚，触覚，そして嗅覚までもが日常の瞬間にデジタル的に統合されるにつれて，より高度に個別化されたレコメンデーションを実現するためのアルゴリズム的機会が，組み合わせ的に拡大していきます。多機能で多感覚なレコメンデーション・エンジンは，選択アーキテクトにとって挑戦に満ちた新しい（仮想）世界となるのです。

「レコメンデーションと個別化は，私たちが何に気づき，何を見つけ，何を愛しているかといった，私たち全員が世界中を移動しながらつくり出す，膨大なデータの海のなかに息づいています」。Amazonの初期のレコメンデーション・エンジンの先駆者として成功したグレッグ・リンデンは，その思慮に富んだ2017年の回顧録で次のように述べています。「その領域にはまだ大きな可能性があります。ユーザー・エクスペリエンスを通してすべての顧客に驚きと喜びを提供するというビジョンは，まだ誰も完全に実現できていません。あらゆるシステムのあらゆる部分に知性と個別化を加え，ユーザー自身やその好み，ほかの人の好みまで知り，さらにそのユーザーにどんな選択肢があるかを理解している友人のような体験を生み出す機会がまだ残されています」。

第6章

レコメンデーションの革新者たち

Spotify，ByteDance，そしてStitch Fix。この3社は，それぞれがユニークな存在でありながら，レコメンデーション・エンジンにまつわるある共通の，しかし一方で異なる並外れた課題を共有しています。これらの企業では，その組織や文化を挙げて資産としてのデータの開拓や，データから継続的な学びを得ることを目的としたプラットフォームの設計に取り組み，ユーザーに斬新さやセレンディピティー，そして驚きを提供することに全力を尽くしています。そうした企業のリーダーたちは，この流れをただ「理解」するだけでなく，「強く求めて」いるのです。

第一世代のインターネット・スタートアップ企業が「ボーンデジタル（生まれながらのデジタル）」だとすれば，これらの企業は「生まれながらのレコメンデーション提供者」といえるでしょう。この3社の事業目標，ビジネスモデル，成長の軌跡を，それぞれが提供するレコメンデーション・エクスペリエンスの質と切り離して考えることはできません。彼らは，ユーザーのために，そしてユーザーとともに，いつも（そう，いつでも！）実験を行い，発見をうながす新しい方法の探索をその戦略的目標の一つとしています。その戦略の実現に向けた必須条件として各企業が積極的に導入しているのが，機械学習と人工知能です。これらの技術は，個別化とカスタマイゼーションを向上させるため，あらゆるアルゴリズムを理解し，効果的に組み合わせて活用します。商業的には，ビジネスとユーザーの最善の利益との間で収益のバランスを図ろうと努めて（悪戦苦闘して）いるのです。機械学習と人工知能の性能を決めるのは「ユーザーがレコメンデーションをどのように認識し，どのように反応するか」です。そのため，どれだけ「惹きつけられる」提案を出せるかがが何よりも重要です。

確かに，Facebook，Alibaba，LinkedIn，Pinterest，Netflix，Match.com，Amazonも，Spotify，ByteDance，Stitch Fixに比類する優れた事例ではあります。しかしながら，上記３社以上に，創業者，文化，組織としての事業推進能力が大きく異なっているにもかかわらずレコメンデーション・エンジンがユーザーを惹きつけるために何をしなければないかをうまくとらえている組織はないでしょう。挑発的な言い方かもしれませんが，３社はその事業目的や狙いにおいて社会性と個人性の両方を重視しています。いうなれば，彼らは音楽，動画，ファッションを通じて今よりももっと多くのユーザーの価値観，美意識を創造していきたいと望むなかで，レコメンデーションが一人ひとりのユーザーのエンパワーメントや影響力につながることを期待しているのです。このように，世界各国の市場においては，レコメンデーションは，商業的利益であると同時にポップカルチャーでもあるといえます。

Spotify

2018年にユーザー数が約2億人に達したスウェーデン発世界最大の独立系音楽配信サービスSpotifyは，「発見」「レコメンデーション」「個別化」を，その成長とユーザー・エクスペリエンスのための戦略の柱として位置付け，成功を収めました。同社が誇るレコメンデーション・システムが「Discover Weekly」です。

「Discover Weekly」は毎週月曜日にSpotifyが1億人を超えるユーザーに向けて配信するおすすめ楽曲のプレイリストです。ユーザー一人ひとりに合わせて，本人がこれまで聴いたことのない曲のなかから気に入る可能性が高い30曲を選んで収録したもので，レコメンデーションやアンサンブル学習のアルゴリズムの見直しがどのようにユーザーによる新しい情報の発見方法を根底から変えていくか理解するための的確な事例を提示しています。2015年に非公式なプロジェクトとしてひそかにスタートした「Discover Weekly」は，あっという間に大好評となり，サービス開始後10週間で再生された推奨楽曲数が

10億曲に達しました。

ここでのきわめて重要な洞察は，「個々の楽曲ではなく，プレイリストが発見と推奨のための設計原理やプラットフォームであるべき」という点です。「Discover Weekly」の共同クリエイターでSpotifyのエンジニアのエドワード・ニューイットは，サービス立ち上げ当時のことを，「2013年の6月，当時入社したばかりの僕は初期のDiscovery[*1]開発チームに所属していました。＜中略＞その頃のDiscoveryは，コンテンツをPinterest風に楽曲のカバー画像を貼りつけたレイアウトで表示していました」と振り返っています。「あるとき，同僚と僕はプレイリスト形式にしたほうがはるかに使いやすいのではないかと思ったのです」。

また，ニューイットの同僚で破綻した楽曲共有サイトThis Is My Jamの共同設立者でもあるマシュー・オグルも，「プレイリストはSpotifyの共通貨幣みたいなもの」と言い，「Spotifyユーザーはほかのどの機能よりも，プレイリストの作成方法や取り扱いに慣れていた」と当時の状況を説明しています。

そこでニューイットらは，当時約7,500万人いたSpotifyのユーザーを対象に，7,500万件のプレイリストを個別に作成するという技術的難題に挑戦し始めました。初期の試作モデルは機械学習ツールとレコメンデーション・アルゴリズムを組み合

---

*1　Spotifyの推奨楽曲プレイリスト配信サービスの総称。

わせたもので，Spotifyが配信する3,000万曲以上の楽曲と10億人を超えるユーザーが作成したプレイリストを含む豊富な楽曲のデータを分析していました。

依然として，Spotifyの決め手は類似度でした。モデルではシステムにより，「Spotifyのプラットフォーム上でのユーザーのアクティビティーログ（行動記録）やユーザー作成のプレイリスト」「インターネットの音楽ニュースやレビュー」「曲のテンポやキー，音の大きさを把握するRAW形式の音声ファイル（スペクトログラム）」を収集し，ユーザーの行動を検証するとともに楽曲とアーティスト間の重要な共通性を特定します。そして，そこからユーザーが以前聴いたことがある曲を除外し，ユーザーごとのオーダーメイドのプレイリストが配信されるのです。曲はプロが作成したプレイリストや一般ユーザーのプレイリストから選ばれますが，仮にこうした候補プレイリストのなかである3曲が同時に選曲される傾向が見られる場合，そのうちの2曲がすでにユーザーの作成したプレイリストに入っていれば，システムは残りの1曲をユーザーに推奨します。

Spotifyは，楽曲をアーティストやマイクロジャンル（「ロック」や「ラップ」といった大分類ではなく「シンセポップ」や「サザンソウル」といった細かい分類）にグループ分けすることで，ユーザーの音楽の好みを総合的に個別化することに成功しました。さらに2014年にはMIT Media Lab発の音楽情報企業Echo Nestを買収し，音楽関連のインターネットサイト

「Discover Weekly」のサービスにとって本当に欠かすことのできない要素は，ほかのユーザーの好みや感性です。

のクローリング（自動巡回）やアーティスト情報の分析から将来的に流行るジャンルを予測するソフトウェアも入手しています。

このことからもわかるように，「Discover Weekly」のサービスにとって本当に欠かすことのできない要素は，ほかのユーザーの好みや感性です。そのため，Spotifyは異なるアルゴリズムを使い，ほかのユーザーの選んだ楽曲のさまざまな「特徴」や「属性」「要素」から計算し，うれしい発見につながるレコメンデーションを算出しています。より専門的に説明すると，「Discover Weekly」の予測モデルは以下のアルゴリズムのアンサンブル（組み合わせ）により構成されています。

1. **協調フィルタリング・アルゴリズム（最近傍）**：再生履歴（これまで聴いたことがあるすべての曲）をもとに，ユーザーと似た別のユーザーを検出して，「あなたのようなSpotifyユーザー」が気に入った曲をすすめるアルゴリズム。
2. **自然言語処理法**：Word2Vecなど，単語間の暗黙的な関係，関連性，共起性を数学的に表現する手法。この手法では，プレイリストを段落またはテキストの大きなブロック（かたまり）として構造化して解析し，プレイリスト内の一つひとつの曲や曲名を個々の単語として扱います。その名の通り，Word2Vecでは，複数の単語をベクトルに変換して，そのベクトルの間の距離（類似度）を測定することが可能です。

二つの単語（あるいは曲名）が，たとえば同じプレイリストのなかのように，同じ文脈に含まれるという事象が頻繁に起こる場合，その2語のベクトル間の距離は必然的に近くなります。

ある単語が与えられると，モデルは周辺の単語表現を文脈から予測しようと働きます。レコメンデーション・エンジンで例えると，Word2Vecが同じ用法で用いられる単語間の類似度が高いと予測するようなことです。このアルゴリズムを使うと，音楽プレイリストの意味を比較できます。

ほかにも，ユーザーたちが好んで聴く曲のベクトルを平均化することで，あるユーザーの音楽テイストをベクトルとして表現するアプリケーションもあります。生成されたテイストベクトルは，そのユーザーテイストに似た曲を検索するためのクエリとして使用することも可能です。この場合，クエリとして使われるベクトルは曲のもつ意味を表し，クエリの結果得られたベクトルは好みを表します。

3. **外れ値／異常値の検出**：外れ値とは，ほかの観測値から大きく外れる極端な値のことを指します。測定値のばらつきや実験誤差，新規性を示す可能性がある外れ値の検出アルゴリズムは，一般に銀行やクレジットカード会社が不正請求を検出する方法として金融セキュリティーの分野で使われており，レコメンデーション・エンジンにも応用されています。

外れ値の検出では，「ある曲を聴いている」という特定の事象が通常の行動パターンの一部であるかどうかを判断します。つまり，聴いている曲がパターンから外れた「通常とは違う」曲であれば，それが1回限りのものなのか，ユーザーの誤りなのか，あるいは潜在的なレコメンデーションの機会を示すものなのかなどを決定づけます。つまり，ここでは提案されたプレイリストの質が試されることになります。

4. **深層学習／畳み込みニューラルネットワーク（CNN）**：楽曲の音響特性（スペクトログラム）を処理し，音響パターンの潜在的な類似性を特定するアルゴリズム。

CNNは，写真からの顔を認識するといった画像認識などコンピュータービジョンの分野*2で大きな成果を挙げていることで知られていますが，Spotifyはこのパターンマッチングの手法を音声データに活用しています。このアルゴリズムは，あるジャンルや別のジャンルに属する可能性が高い（または低い）曲の特徴を学習します。

CNNは，入力情報のさまざまな特徴量を認識できるように学習します。そしてこうした単純な特徴量の学習の積み重ねにより，より複雑な特徴量を学習できるようになります。CNNは，畳み込み層とそれに続くプーリング層で構成されています。

非常に簡単に説明すると，まず畳み込み層でフィルターが

*2 コンピューターによる画像や動画の理解を扱う研究領域。

データを特徴量に変換します。その結果を，通常二つの畳み込み層の間にあるプーリング層が単純化します。つまり，連続する層が望ましい／ターゲットとするパターンを検出するための特徴量を，計算によって精緻化・増強するのです。たとえば，猫の写真を分類したい場合には，ひげや4本足などを分類するための特徴量として用いることができます。同じように，CNNはエッジや曲線などの低レベルの特徴量を検出し，その特徴量を一連の畳み込み層を介して抽象的な概念に変換することで画像を分類します。Spotifyの深層学習／CNNは，最も重要な音響特徴量を特定できるよう効果的にトレーニングされています。

5. **ユーザーの直近の嗜好や再生状況**：前週の「Discover Weekly」のプレイリストの収載曲の評価や再生状況を把握するアルゴリズム。

「私たちは毎週，ユーザーのプレイリストのデータから入手したSpotifyに関するあらゆる情報の関係性をモデル化しています」とオグルは述べています。「その一方で，主に音楽を聴く習慣，Spotifyで使用する機能，フォローしているアーティストなどの情報から，Spotifyユーザー一人ひとりの行動もモデル化しています。この二つの結果をもとに，ユーザーが気に入りそうな曲のなかからユーザーが聴いたことがないと想定される曲を毎週月曜日におすすめしているのです」。

2015年のはじめ，開発チームは「Discover Weekly」の試作品をひそかに全従業員のSpotifyアカウントに送信しました。「よい意味で全員がすごくびっくりしていました」と，ニューイットは話しています。「まるで，隠れていた自分の音楽好きの双子の兄弟が現れてつくったみたいだ，ってね」。

プレイリストには，それが一人ひとりにカスタマイズされたものだと見てすぐにわかるよう，Facebookからとったユーザーの画像をつけることにしました。そしてプレイリストの更新日を毎週月曜日に設定することにしました。

「手応えは十分でしたが，（正規の）ユーザーではテストしていなかったので，対象をユーザー全体の１％に限定して提供を始めました」。彼は当時の情熱を思い出しながら，そう振り返りました。

そして，いよいよ2015年半ば，全世界1億人のSpotifyユーザーに向け「Discover Weekly」の本格展開が始まったのです。

「毎週日曜の夜になると，1億人分のプレイリスト，つまり約1テラバイトの新しいデータを更新していました」。アルゴリズムのアンサンブルがそれを可能にしました。

「Discover Weeklyは，大企業にありがちな会社主導の取り組みではありません」とニューイットは言います。「それは自分たちの目の前にある課題を，自らがもっている技術で解決しようと挑んだ情熱あふれるエンジニアたちの努力の賜物だったのです」。

ByteDance

2012年に設立されたByteDanceは，「あらゆるものをレコメンデーション」に変えるネットワーク・アーキテクチャーをいち早く活用して中国国内で急成長を続ける革新的企業の一つです。Alibaba, Baidu, Tencent（インスタントメッセンジャー「WeChat」の開発企業）などの巨大IT企業にもひるむことなく，コンテンツ・カスタマイゼーションを通して中国のデジタルサービス業界に常識を覆す大きな改革をもたらし，人工知能と継続的な個別化を独創的な方法で融合させ，ライバルたちを打ち負かしてきました。

「ByteDanceは，機械学習によって強化された，さまざまなコンテンツ・プラットフォームを製品として提供しています。当社の製品は，ユーザーに個別化されたコンテンツを提供するディスカバリー・プラットフォームになっているのです」と，ByteDanceの企業開発担当上席副社長リュウ・ジェンは述べています。

中国で1日あたり1億2,000万人以上が利用している（本書の執筆時点）とされるニュースアプリの草分け的存在「TouTiao（今日头条）」は，ByteDanceの代表的なサービスです。また同社の別のサービス「TikTok」（中国では「抖音」）は，短編動画のモバイル共有サービスとして大反響を呼び，世界中で利用されています。2018年上半期のAppleのApp Storeにおけるダウンロード数は1億400万回を突破し，世界で最もダウンロードされたアプリとなりました。これら二つのアプリは，革新的なレコメンデーション技術で世界的展開を図りたい中国の野望をはっきりと映し出しています。

ByteDanceは，戦略として，機会があるごとにアルゴリズムの革新とシンプルで高速で親しみやすいユーザー・エクスペリエンスの設計との融合に継続的に取り組んでいます。その鍵となるのが，エンゲージメント指標の最大化です。中国語で「ニュースの見出し」という意味をもつTouTiaoのユーザーの平均利用時間は1日に75分以上で，これはFacebookよりも長く，Snapchatの2倍に相当します。あるアナリストは，TuoTiaoを「中国人にとって最もやめられない，スティッキーな（継続的に利用される）アプリの一つ」と述べています。

この利用時間の半分以上を占めるのが，短編動画です（ByteDanceがTikTokに乗り出したのはこのためです）。加えて，1日の動画再生回数が100億回を超えるTouTiaoは，事実上，中国のYouTubeになりました。ユーザー・エンゲージメントの強さと事業の成長は相関性がありますが，TouTiaoのアクティブユーザーは，開始から4カ月で100万人に達しました。1日あたりのアクティブユーザー数も2015年に3,000万人であったのに対し，2016年には7,800万人に，さらに2018年には1億2,000万人を突破し，急激に増加しています。「あなたが関心をもっていることだけが，真のヘッドライン（見出し）です」がTouTiaoのモットーです。

「私たちは，一人ひとりのユーザーを最もよく知る情報プラットフォームになることを目指しています。ユーザーに配信される情報画面に，一つとして同じものはありません」と，TouTiao副社長のティナ・ザオはフィナンシャル・タイムズ紙にコメントしています。

TouTiaoの成長は，そのユーザー・エンゲージメントと個別化の取り組みと相まって，中国のニュースアプリ広告市場にも影響を与えました。2017年のTouTiaoの広告収入は前年のほぼ3倍に当たる25億ドル超を記録しました。また2018年末には，親会社のByteDanceが世界で最も評価額の高いスタートアップ企業という栄冠を手にしています。

サービス開始時より，TouTiaoは各ユーザーの情報（タップ，スワイプ，記事ごとの滞在時間，利用場所）を追跡し，レコメンデーション・エンジンの入力データとして利用していました。FacebookやWeChatと違い，レコメンデーションの生成にソーシャルグラフ*3を必要としないため，ユーザーがわざわざ情報を入力する必要はありません。TouTiaoのレコメンデーション・エンジンは，自然言語処理とコンピュータービジョン機能を使い，各コンテンツから何百というエンティ

---

*3　ユーザー間の相関性を表すグラフ。

ティーやキーワードを特徴として抽出します。そのシステムのさらに重要な点を，ByteDanceのリサーチ担当副社長のウェイイン・マーは，「（我々のレコメンデーション・エンジンは）ユーザーの情報から何百もの高次元特徴量を抽出し，そのデータをもとにユーザーの興味をモデル化しています。ユーザーのプロファイルは，ユーザーが何かアプリ上で行動をとるごとにリアルタイムで更新されます」と説明しています。

TouTiaoは私たちの想像を絶する膨大な量のデータを扱っています。2017年にTouTiaoが保有したユーザープロファイルのデータ量は約190テラバイトで，これはハッブル宇宙望遠鏡が20年かけて生成するデータの量と同じです。また，データの処理量は1日に約8ペタバイトといわれ，Facebookに投稿される写真の枚数に換算するとおよそ550億枚分に相当します。学習するデータの量は増え続けており，TuoTiaoは「真のAI」，つまりアルゴリズムの革新に全力で取り組んでいます。

ユーザーが最初にTouTiaoのアプリを開く（「コールド・スタート」させる）と，モバイル端末のオペレーティングシステム（OS）や位置情報などの要素に基づいて，予備的なレコメンデーションがポップアップで表示されます。画面上には，従来のニュースレポートから「かわいい」動画や人気のクチコミ動画まで，さまざまな投稿が流れてきます。クリックやスワイプが多ければ多いほど，TouTiaoはそれぞれのフィードをさらに学習して改良を続け，その結果，個別化された関連性が高い膨大な量のコンテンツの作成が可能となります。そうすることで，コンテンツの魅力を高めることができるのです。

ここでの課題は，「プラットフォームがユーザーにすすめる100本の記事のなかで，継続的なエンゲージメントにつながる可能性が最も高いのはどんな記事か」という点です。その答えを導くため，TouTiaoのアルゴリズムは，視聴習慣や視聴場所といったユーザーの行動データの学習を応用します。ユーザーのプロファイル，コンテンツ，そしてコンテクストが相互に作用してトレーニングデータが生成され，そのデータを使って最も魅力的で関連性のあるレコメンデーションが格付けされるのです。TouTiaoは，ユーザーが閲覧(クリック)した記事や動画の割合と，実際に最後まで閲覧したコンテンツの割合(滞在時間)といった二つの客観的なエンゲージメント指標をもとに，レコメンデーションを最適化します。ByteDanceによると，クリック率／完読率が80％の場合，アルゴリズムはそのユーザーの興味を1日足らずで学習できるといいます。

しかも，この機械学習は現在のクエリをはるかにしのぐものだとByteDanceのマーは指摘しています。彼は，アメリカ在住の中国人駐在員のユーザーがTouTiaoの個別化の手法や機会の劇的な拡大に貢献したと述べています。TouTiaoは中国の旧正月に米国から中国に一時帰国する在米中国人駐在員のユーザー向けに，ユーザーの休暇中の中国での滞在先に合ったニュースを自動的に推奨します。しかし，いったん彼らがアメリカに戻ると，TouTiaoは旧正月中のユーザーの居場所に意味がある（おそらく故郷である）可能性が高いことを記憶（学習）し，ユーザーが故郷で読んでいた記事に関連した記事を，渡米後も随時アプリに表示するのです。

マーによると，このコンテクスト・アウェアネス（文脈の認識）は，アプリの利用時間帯にも応用可能であるとしています。TouTiaoの配信アルゴリズムはユーザーの「忙しい」時間帯を追跡して学習し，ユーザーが忙しい時間を避けて記事や動画を配信するよう調整します。そしてここでもまた，ユーザーの行動やアクションがリアルタイムで更新されるようになるのです。このように，TouTiaoのアルゴリズムは常にトレーニングされ，休むことなく個別化とカスタマイゼーションの学習を続けています。

さらにTouTiaoは，Netflixと同様に，機械学習アルゴリズムがコンテンツの推奨のみならず，制作も可能であるということにも気づき，2016年のリオデジャネイロ・オリンピックでは，機械学習「ボット」[*4]である「Xiaomingbot（シャオミンボット）」を導入し，リアルタイム画像分析とスポーツ用語を統合させた特定の競技に関するスポーツニュース記事を自動で作成することに成功しました。この「ロボット記者」が書いた

[*4] タスクや処理の自動化プログラム。

機械学習アルゴリズムは，コンテンツの
推奨のみならず，制作も可能です。

記事は，競技終了後わずか3秒で投稿されたにもかかわらず，人間のジャーナリストに匹敵する閲覧率（閲覧人数とインプレッション数）を達成しました。

この記事の自動作成機能は，自然言語処理機能と文脈に応じた画像認識との統合技術を応用しています。読んで理解できる記事を作成するには，「テンプレート」に構造化された文章を流し込むという作業を行います。その工程では，まず格付けアルゴリズムを用いてリアルタイムに書かれる解説文から関連する文章を選択し，次に画像とテキストのマッチングアルゴリズムを使い，それらをつなぎ合わせて記事にします。さらに精度を高めるため，畳み込みニューラルネットワークを利用して候補画像の分析を行います。履歴データの学習（過去の記事や画像を並べて対比させること）により，記事に適した魅力的な画像を選択できるのです。

一方，Seq2Seqというsequence-to-sequence深層学習のアルゴリズムは，ある領域から別の領域にシーケンスを変換する（例：中国語の文章を英語に翻訳する）モデルの学習に使用されます。Seq2Seqモデルは，既存の記事を今日の記事のハイライトにまとめ，より話題性のある記事タイトルを提案するアルゴリズムです。さらに，TouTiaoのシステムは，畳み込みニューラルネットワークを利用した画像分析同様に，文章に対してもリカレントニューラルネットワーク（RNN）を使って文章のベクトル表現を計算します。このようにして生成された，意味をもつ文章のベクトルが格付け予測モデルに入力され，簡潔で読みやすく要約された記事の抽出や編集が行われるのです。

ByteDanceは，現在でも継続的にこうしたスポーツニュース記事の作成技術のさらなるスマート化・個別化に取り組んでいます。従来の画一的なモデルから，ユーザー一人ひとりにカスタマイズされた視聴体験の提供へとそのアプローチを刷新しようとしているのです。たとえば，データからユーザーが特定のアスリートに興味をもっていることがわかると，レコメンデーション・エンジンはそれに応じてコンテンツを収集してカスタマイズします。今後「Xiaomingbot 2.0」が登場すれば，特定のアスリートにフォーカスしたオーダーメイドの解説記事やキャプションが自動作成されるようになるでしょう。

アメリカでもそうであったように，機械学習レコメンデーション・エンジンの技術革新は，中国でもコンテンツ制作のイノベーションを牽引しています。「私たちは毎週戦略を調整しています。常に実験をしているのです」。マーはそう述べるとともに，機械学習が特定の動画や文章などのTouTiaoのメディアエコシステム全体での「バイラリティー（話題性）」予測においても有用であると主張しています。

こうしたレコメンデーションとイノベーションに対する感性は，短編モバイル動画投稿アプリTikTokの経験にも深く息づいています。200日間の開発期間を経て2017年秋に中国でサービスを開始したTikTokは，初年度に登録ユーザー数が1

億人に達し，瞬く間に1日の再生回数が10億回を突破しました。

TouTiaoと同様に，TikTokもユーザーが利用開始してすぐにレコメンデーションを提示します。フォロワーの閲覧しているコンテンツを表示するInstagramと違い，TikTokではユーザーの視聴経験がないと想定される動画コンテンツが表示されます。これは，TikTokが斬新で魅力的なコンテンツやクリエイターの発見を目標としているからです。「（TikTokの）設計における重要な点は，ユーザーを『For You（あなたに）』タブに誘導するようにしたこと」とある技術評論家は考察しています。「画面を上に向かってスワイプすると，次の動画が見られます。この動作を繰り返すと，どんどん次の動画に変わっていきます。前の動画に戻るには，画面を下にスワイプします。さらにユーザープロフィールを開くには画面を右からスワイプすればよいのです。余分な動作は必要ありません。このアプリでは『このアクションはサポートされていません』というエラー画面は絶対に表示されないし，再生ボタンや一時停止ボタンもありません。代わりに，画面を上方向にスワイプすれば15秒間に編集された膨大な量の動画が次から次に表示されるというわけです」。

TikTokはその個別化されたレコメンデーションと使いやすさゆえに，先にサービスを開始したTouTiaoと同様に大人気のアプリとなりました。アメリカのベンチャーキャピタル，クライナー・パーキンス・コーフィールド＆バイヤーズ（KPCB）

の2018年の「インターネットトレンド・レポート」によると，TikTokのDAU/MAU率*5は57％ときわめて高い水準でした。またレポートでは，TikTokユーザーの1日の平均利用時間は約52分であったことがわかりました。動画1本の時間が15秒ですから，これはかなりの数になります。「TikTokユーザーの粘着性には『ByteDanceの遺伝子』が反映されているのです」と, China Channelのモバイルアナリスト, サミン・シャは述べています。

TikTokはTouTiaoとは異なり，開発時からクリエイティブで社交的なアプリとして設計されています。そのため，TikTokはユーザーによる動画の閲覧に加えて，動画の作成や共有を通じてスマートフォンをポータブルな映像制作スタジオのように活用してもらうことを支援しています。フィルターや特殊効果，使い勝手のよい編集ツールなどの充実した動画編集機能は，InstagramやSnapに勝るとも劣りません。TikTokはTouTiaoの人工知能，画像キャプチャー，機械学習アルゴリズムを再利用し，ユーザーによる動画作成をサポートしているのです。特殊効果には，ヒップホップやエレクトロニック・ミュージックに合わせて体を揺らしたり震えさせたりするもの，髪の色を変えるもの，3Dステッカー*6，動画編集に使用

---

*5　1日あたりのアクティブユーザー数を月間アクティブユーザー数で割った比率。インターネットサービスやアプリに対するユーザーの粘着度（スティッキネス）を図る指標の一つ。

*6　動画に貼りつけて文字やイラストなどを立体的に表示するシール。

する小道具などさまざまなものが提供されています。なかでも音楽は，TikTokに動画を投稿する場合に必ずつけなければならない素材です。一般的な動画投稿アプリでは通常，音楽の選択はオプションですが，TikTokでは必須条件になっています。

TikTok上にない音源ファイルがTikTokにアップロードされると，そのファイルは「オリジナル楽曲」として登録され，最初にアップロードしたユーザーのTikTok IDにタグ付けされます。一方，動画の視聴画面に表示される「オリジナル楽曲」アイコンをタップすると，その曲を使って作成された動画をすべて検索することができます。その楽曲を作成したユーザー情報を見るには，再生動画中の「オリジナル楽曲」アイコンを再びタップします。こうした楽曲や作者の検索は，新たな発見やレコメンデーションに直結するのです。TikTokの機械学習アルゴリズムは，話題性をつくり出す視覚と聴覚の組み合わせ方をより高精度に学習できるように進化しており，そうした学習能力は広告主の満足度向上にもつながっています。

しかし，ByteDanceの成功を導いた「スティッキネス」の高いサービスは，規制上の大きな課題を呼び込みました。ByteDanceのアプリが中毒性のある行動や不真面目なコンテンツを助長しているとして，中国の当局が同社を批判したのです。批判を受け，ByteDanceはユーザーの利用時間が30分を経過するごとにアラームが鳴る機能を追加しました。さらに2時間以上継続的に使用した場合にアプリをロックすることもでき，パスワードを入力しないと解除できないという設定を加えました。ユーザーがやみつきになるほど優れたByteDanceのレコメンデーションと個別化は，同社の世界的な成長を支えてきたにもかかわらず，結果として規制当局の厳しい監視を招くことになりました。ByteDanceは，規制当局に対するよりよい対応方法のレコメンデーションを得るために機械学習を活用するかもしれませんね。

Stitch Fix

いわゆる「ユニコーン企業」[*7]といわれたStitch Fixが2017年にナスダックに上場を果たすと，ファッション誌『エル』は同社の34歳のCEOカトリーナ・レイクを「ワインレッドの細身のドレスとハイヒールをスマートに着こなした」と評しました。彼女のファッションセンスが語るのは，メディアが取り上げる女性蔑視的な姿ではなく，Stitch Fixに成功をもたらしたアルゴリズムのスタイルとその実体そのものです。レイクは，自身の会社の共同創設者であるだけでなく，自社の顧客の一人でもあります。

2011年に女性向けのサブスクリプション型パーソナルスタイリングサービスとしてスタートしたStitch Fixは，データサイエンスとファッションセンスの融合により事業を拡大させ，

[*7] 評価額が10億ドルを超える未上場のスタートアップ企業。

10億ドル規模の企業に成長しました。同社の衣料品の売上高は，2016年に7億3,000万ドル，2017年には9億7,700万ドル，2018年には12億5,000万ドル超となりました。今後は男性や子ども向けのサービス展開も視野に入れているといいます。

組織はもとよりレイク本人もデータ活用に積極的なStitch Fixは，分析，レコメンデーション，ナッジを統合させた「選択アーキテクチャー」により，顧客のロイヤルティーの向上だけでなく，追走企業との市場での競争をも加速させています。「データサイエンスは，私たちの企業文化に織り込まれているのではなく，私たちの文化そのものです」とレイクは述べています。「Stitch Fixは，従来型の組織構造のなかにデータサイエンスを組み込んだのではなく，そもそもデータサイエンスをビジネスの核として事業を開始し，顧客とそのニーズを中心に会社のアルゴリズムを構築したものです。私にとってデータサイエンスは直属の部下のようなもの。データサイエンスなしには，Stitch Fixは存在しません。とても簡単なことです」。

そのコミットメントは，Stitch Fixのバリューチェーンのあらゆる部分に反映されています。SpotifyやByteDanceとは違い，Stitch FixのUXでは音楽や動画の共有とはまったく異なるタッチポイント（顧客接点）やタンジビリティー*8が求め

*8　触知可能性。形のない情報を触れられるものに変えること。

られます。ユーザーに合った服のスタイルのレコメンデーションを算出するためには，独自のデータの相互作用の把握が必要なのです。さらに「ユーザーが気に入り，買って着たいと思う服を見つけて販売する」というビジネスモデルにおいては，ユーザーの側も多くのアクションや情報提供をしなければなりません。

Stitch Fixでは，オンライン（あるいはアプリ内）アンケートを通じて，ユーザーの好み，感性，サイズ，予算に関する詳細な情報を入手しています。また2018年には，洋服やアクセサリーの画像を画面に飛び出すように表示させ，ユーザーの評価を「サムズアップ／ダウン」（親指を上，下に向ける動作）をタップして表明してもらうというゲーム感覚のアプリ機能「Style Shuffle」の提供を開始しました。その結果，「Style Shuffleの利用中，顧客の購入が増える傾向が見られており，年間の売り上げも伸びている」と，Stitch Fixの最高技術責任者キャシー・ポリンスキーは述べています。

Stitch Fixの仕組みは，約700のブランドと自社のプライベートブランドの在庫をもとに，アルゴリズムがユーザーごとにおすすめ商品リストを作成し，それを同社の3,500人以上のスタイリストから各ユーザーに割り当てられた担当スタイリストがチェックするというものです。担当スタイリストは商品リストから5点のアイテムを選び，それらをセット（「Fix」と呼ぶ）として，毎月／隔月／四半期ごとなど，ユーザーの希望した頻度でベストなコーディネート方法やアクセサリーの合わせ方のアドバイスを書いたメモを添えて送ります。Stitch Fixによると，「データを味方につけた」スタイリストたちは，洋服選びに欠かせない人間らしさを与えてくれるといいます。同社はこうしたパーソナルスタイリングの料金を1Fixあたり20ドルで提供しています。

商品が届くと，ユーザーはオンラインサイトで各商品のフィードバックを記入し，欲しいアイテムは手もとに残し，不要なものを返送します。届いたアイテムを1点でも購入すると，月額サービス利用料の20ドルが購入料金から割引されます（ちなみに，5アイテム全部を購入すると25ドルの割引が適用されるという，巧妙なナッジ戦略のインセンティブもあります）。これらのデータはすべて顧客のプロフィールに記録され，今後の「Fix」の提案の精度をさらに高めるために利用されます。Stitch Fixは，ユーザーの好みを完璧にとらえた提案を実現するため，数百に及ぶ個別化や商品・販売情報のデータポイントのモニタリングに努力を惜しみません。

「最初の商品が届いた時点から，ユーザーが自宅というプライベートな場所で試着し，家族や友人の意見を聞いた結果をフィードバックとして受けられるのです」。元Netflixのデータサイエンスおよびエンジニアリング担当バイスプレジデントで，Stitch Fixのチーフアルゴリズムオフィサーを務めるエリック・コルソンはこのように述べています。「雑誌のページの写真だけ見てすぐに決めてしまうのではなく，実際に自分の体にどうフィットし，どのように見えるかということを基準に服を評価できるので，本当に充実したフィードバックをもらうことができます。ユーザーからは，フィット感，価格，スタイルなどの構造化された情報だけでなく，『体にはぴったりフィットしますが，肩が少しきついです』などテキストボックスに追加のコメントを記入してもらうこともできるので，構造化されていない情報も一緒に入手できます。こうした詳細な情報は，当社のアルゴリズムがユーザーの好みを学習する際に大変役立っています」。

一方でコルソンは，「言葉よりも画像のほうがより価値あるフィードバックを引き出せる」としています。そのため，Stitch Fixは顧客にPinterestでファッションアルバムをつくるようにすすめ，ユーザーに自分のスタイルを細かく説明せずに表現してもらうといった取り組みをしています。しかしながら，Style ShuffleやPinterestの写真だけでは購入の決め手としては不十分です。こうした手法は，どちらかというと購入の動機付けというよりもデータを集めるためのルアー（誘因）として役に立つといえるでしょう。

「私たちにとって最も興味深い発見の一つは，人は画像だけでは服を決められないということです」と，コルソンは述べています。「ウェブページで何かをおすすめしても，ユーザーは『自分には似合わない』と言うかもしれません。しかし，データで裏付けされているように，『私たちを信じて，一度着てみてください』と言ってユーザーに商品を送れば，結果的に私たちもびっくりするほどお客様に気に入っていただけることが多いのです。2012年にこのちょっとした気づきを得たときには，本当に驚きました。画像を見たり，実際にそばを通りかかったりしただけでは決めかねてしまう商品でも，実際に着てみるとユーザーに気に入ってもらえるということがわかったのです。私たちはこれを『驚きと喜び』と呼んでいますが，これが私たちにとってのゲームチェンジャーになりました」。

Stitch Fixに入社する前，コルソンは自身の妻の体験から，こうしたユーザー行動を初めて自ら目の当たりにしました。「彼女が初めて受け取ったFixで，最初に手にしたアイテムはスカーフでした。彼女はスカーフを見て「嫌だわ，スカーフなんて要らない」とこぼしました。でも，実際に商品に触れて，身に着けた自分の姿を鏡に映してみたところ，そのスカーフがとても気に入り，本人もびっくりしていました。実際に目の前にあることで，彼女のそのスカーフに対する意見が完全に変わったのです」。

こうした「試着体験」は，実店舗やオンラインショッピングでは実現不可能な顧客とのつながりをつくるとStitch Fixは分析しています。「ユーザーが少しだけ冒険することを後押しする，非常に効果的な手法です」。そうコルソンは明言しています。「ユーザーは利便性を求めてStitch Fixに登録し，（思いがけず気に入る服を見つけるという）サプライズのために Stitch Fixを継続利用しているのです」。

実際，同社のユーザーは，自分だけのスタイルに合った服を探したい「特定のテーマに基づくバリエーション追求タイプ」，およびファッション性が高く特徴的で斬新なルックスを求める「冒険家タイプ」の二つのタイプにおのずと分かれるといいます。双方は許容範囲や多様性に対する認識が大きく異なります。

「時間の経過とともにそれぞれのユーザーの情報が増え，当社のアルゴリズムもスタイリストもますます精度がアップしています」。ワシントン・ポスト紙の取材に対し，Stich Fixのスタイリングおよびクライアントエクスペリエンス担当副社長のメレディス・ダンはそう回答しました。「私たちのスタイリストはユーザーからのフィードバックを読んで理解し，その結果をアルゴリズムがデータとして取り込むのです」。

しかしながら，初回送付の「Fix」に限っては，スタイリストではなく機械学習を先に応用するとコルソンは指摘します。ニューラルネットワークや協調フィルタリング，混合効果モデル，単純ベイズなど，あらゆる種類のアルゴリズムを組み合わせることにより，ユーザーが初めて手にするStich Fixからの洋服のレコメンデーションを生成するのです。

理論上Stitch Fixのレコメンデーションは，協調フィルタリングのような従来のレコメンデーション・エンジンのマトリックスの手法にも適合性があるはずです。しかし，実際はそうはいかないようです。「製品のレコメンデーションを生成する際，行列の分解から始めるというのが最も自然であるのは確かです」とコルソンは認める反面，次のようにも説明しています。「ですが，ファッション業界のトレンドの変化は非常に速いので，それだけでは不十分です。今ある商品が来月にはなくなってしまうというなかで，アルゴリズムの行数が絶対的に足りません。ほとんどのユーザーが商品を受け取る頻度は月に1回以下です。ということは，ユーザー一人につき，平均して月に5点程度の商品に関するフィードバックしかもらえないことになります。そのため，レコメンデーションのシステム設計には行列分解以外の方法を使うほうがよく，ニューラルネットワークから混合効果モデルまで，さまざまな手法を活用しているのです」。

たとえば，Pinterestに好みのスタイルの画像を保存しているユーザーのレコメンデーションは，人間と機械学習の2段階のプロセスを経て作成されます。機械学習が保存された画像をベクトル化します（ソフトウェアを使って服の画像をベクトルに変換し，その特徴を処理してマッピングする）。こうして見出された特徴（ベクトル）を，画像処理に特化した畳み込みニューラルネットワークのアーキテクチャーでStitch Fixの在庫と比較させるのです。Stitch Fixでは，2012年のILSVRC*9

*9　Image Net Large Scale Visual Recognition Challenge。世界的な大規模画像認識のコンテスト。

で優勝し，共同開発者のアレックス・クリジェフスキーにちなんで命名されたAlexNetというニューラルネットワークを使用しています。この革新的な深層学習アーキテクチャーを導入した結果，コンピューターの理解度の正確性が劇的に向上しました。AlexNetがユークリッド距離で測定した類似性を判断し，所望のユーザーの特徴と提供する在庫とをマッチングさせます。つまり，きわめて複雑な数学を使って服の主要な特徴を計算し，比較的単純な数学を使って関連する類似点を計算するのです」。

また，コルソンは次のように述べています。「このようにして算出された推奨商品候補のリストは，人間のスタッフによってアンビエントな情報が処理されます。推奨商品がPinterestに保存された画像と似すぎていないか，あるいはキーワードにこだわりすぎず実際に着てみたいと思うような画像かどうかを確認し，結果に応じて内容を修正します。たとえば，ヒョウ柄のドレスがあるとしましょう。機械はまったく融通がきかないので，ヒョウ柄とチーター柄の区別はできても，ヒョウ柄好きな女性がチーター柄も好きになる可能性が高いということを認識する社会感覚はありません」。

コルソンによると，Stich Fixのレコメンデーション担当スタッフは，ノーベル賞受賞者ダニエル・カーネマンの著書『ファスト＆スロー　あなたの意思はどのように決まるか？』(2012年，邦訳：2014年，早川書房）で提唱された行動経済学と選択アーキテクチャーに関する知見を活用しているとしています。「計算や予測は機械が担当し，直観は人間が担当するのです」。

さらにCEOのレイクも，「優れた人材と優れたアルゴリズムの組み合わせは，最高の人材や最高のアルゴリズムのどちらか一方だけよりもはるかに有能です」と断言しています。「私たちは人とデータを競わせようとしているのではなく，両者がともに働くことが必要だと考えています。人間のように振る舞うように機械を訓練しているわけでも，機械のように振る舞うように人間を訓練しているわけでもありません。スタイリストもデータサイエンティストも，そして私自身も，すべての人間は完璧ではないということを認める必要があります。私たちは皆，そしてアルゴリズムでさえも，時には間違いを犯します。大切なのは，そこから学び続けることなのです」。

またStitch Fixは，TikTokのコンテンツ制作の経験に似た取り組みも行っています。同社はユーザーや販売に関する幅広いデータを活用して，商品のレコメンデーションのみならずデザインも手がけるようになりました。Stitch FixのAI活用による商品開発グループ，Hybrid Designsは，次の三つのアルゴリズムのアンサンブルにより，アパレル商品を製作しています。一つ目は，新商品のひな形やひな形の構成アイテムになりそうな「親商品（候補商品）」3点を選択するアルゴリズム。二つ目は，それらの「親商品」について，ユーザーのスタイルを

優れた人材と優れたアルゴリズムの
組み合わせは，最高の人材や最高の
アルゴリズムのどちらか一方だけよりも
はるかに有能です。

どのように補完・協調したかを経験的に評価している三つの属性（袖の長さやボタンなど）を特定するアルゴリズム。そして三つ目は，デザインの目新しさを追求するため，構造化されたランダム性を加えるアルゴリズムです。こうした属性を組み合わせてできた商品は，Stitch Fixの社内で「フランケンスタイル」と呼ばれ，特定のユーザー層に特に支持されています。

Stitch Fixのファッションやビジネスにおける成功に注目したのがAmazonです。独自の圧倒的なレコメンデーション機能と機械学習機能を備えた世界最大の小売業者であるAmazonは，Stitch Fixやそのスタイリスト，そして商品開発を行うHybrid Designsに対抗し，Amazon独自のパーソナルコーディネートサービスやAIを活用したアパレル商品開発に参入する計画を発表しました。旧約聖書に登場するゴリアテとは違い，eコマースの巨人は学習する巨人のようです。

AmazonやStitch Fixのような企業にとって，レコメンデーション・エンジンは，特徴量や機能，アドオン，データ構造の一階層などではなく，企業の中核となる重要な存在です。イノベーションや投資，UXは，レコメンデーションから始まり，レコメンデーションへと流れています。これらの企業は，ユーザーが増えれば増えるほど企業価値が上がり，企業価値が上がれば上がるほど使うユーザーが増えるという，有名なWeb 2.0の好循環の教えを忠実に守っているのです。ファッションセンスはますます研ぎ澄まされ，話題沸騰の動画はますます人々をやみつきにし，惹きつけられる楽曲はさらに多くの人の心をとらえていきます。レコメンデーション・エンジンはプラットフォームであると同時にきっかけをつくります。レコメンデーションを通じてユーザーと関わり，彼らに付加価値を提供する新たな方法を生み出しているのです。

これまで紹介してきた企業のレコメンデーション・エンジン技術の成功の根底には，次の三つの主要な設計原理が存在します。

1.「予測」技術としてのレコメンデーション

レコメンデーションはあらゆる場所に存在し，未来，つまりユーザーの「次の行動(何を聞き，見て，着ればよいのか)」に関与しています。ここでいう「次の行動」とは，Spotifyのプレイリストや Stich Fixの「Fix」に置き換えると，選択肢やオプションの組み合わせやポートフォリオをつくることであり，TikTokでは，すばやく簡単に，その場でスワイプすることです。こうした「次の行動」の予測は，ユーザーの未来の一部に影響を与えたり，それを所有したりするためのデータを活用した投資です。そのような投資にはどれほどの価値があるのでしょうか。一瞬，一時間，一日，あるいは一生を目に見えるかたちで所有することが予測にとっての課題であり，そのようなさまざまな時間を収益化することがビジネスにとっての課題なのです。TikTok，Spotify，Hybrid Designsのレコメンデーションは将来的に人々の好みや嗜好を根本的に変えることができるのでしょうか。それが今後の重要な課題です。

2.「発見のプロセス」を支援する技術としてのレコメンデーション

レコメンデーション・エンジンの設計において，ユーザーが次に気に入るものを予測することは必要不可欠ですが，成功するにはそれだけでは不十分です。Stitch Fixの成功は，ユーザーが想像もしなかったブラウスを返品せずに買って着てくれたときに決まります。TikTokであれば，ユーザーが飼い猫の動画よりも野良猫の動画のほうがかわいいと感じたときであり，Spotifyの「Discover Weekly」なら，音楽をこよなく愛するユーザーが自分の大好きな歌やアーティスト，ジャンルに突然出合ったときが成功です。ユーザー・エンゲージメントを継続させるには，似たもの同士の元素が並ぶ周期表のようではなく，「驚き」と「喜び」という要素が必須です。ユーザーにとっての「コンフォート・ゾーン（安全圏）」を計算し，提案するだけのレコメンデーション・エンジンでは十分とはいえません。3社のレコメンデーション・エンジンはコンフォート・ゾーンを広げ，塗り替えることができるのです。

3.「制作手法」としてのレコメンデーション

Netflixが『ハウス・オブ・カード　野望の階段』の制作にレコメンデーション・エンジンの分析結果を活用したように，3社も製品やサービスのイノベーションにつながる手法としてのレコメンデーションの力を認識しています。レコメンデーションから収集・取得されたさまざまな情報は，効果的に解析・模倣され，アルゴリズムを使ってユーザーに価値をつくり出します。Stitch Fixの商品開発チームHybrid Designsは新たなファッションをつくり，SpotifyのプレイリストとRAW形式の音声ファイルからは，商業的・文化的な魅力にあふれたメロディーや音楽パターンが発掘されています。ByteDanceは動画作成時にバイラリティー（話題性）を高めるツールやテンプレートを次々に提供しました。レコメンデーション・エンジンを戦略の軸とする企業のほとんどは，特徴量エンジニアリングや予測妥当性を向上させる潜在的要因がもっと魅力的な音楽，コンテンツ，服の製作に貢献することを理解しています。優れたレコメンデーション・エンジンは，理論的にも実践のうえでも優れたプロデューサーになり得るのです。

３社の事例は，上記のことを示すようなもう一つのあるアルゴリズム革命を想起させます。それは1970年代にニューヨークの金融の中心地ウォール街で活躍した「クオンツ」と呼ばれる計量分析の専門家の登場です。当時の金融自由化とコンピューターの演算能力の普及の流れが，投資における数学の応用という画期的な研究を加速させました。特に，経済学や金融学のようなデータを重視する分野の研究者たちが，複雑な数学的手法を用いて金融商品の裏に潜むパターンや関係性の解明に乗り出したのです。

この研究によって「効率的な市場」や投資の評価に関する知識の枠が広がっただけでなく，投資家はその知識を利用して収益を上げ，より適切なリスク管理を行うことができるようになりました。ウォール街の企業，年金基金，トレーダーたちがこの研究の商業化に関心をもつようになったのも当然といえるでしょう。

最も重要な研究努力の一つは，オプションの価値の評価方法という重要な定量的課題の研究です。オプションとは金融商品の一つで，投資家が一定期間内に事前に決められた価格で株式などの資産を購入することができる権利のことで，買い手は権利を行使しなくても構いません。こうしたオプションの新たな取引所がシカゴに開設されたことで，オプションの価値評価という課題を研究する妥当性や機会，喫緊性が認識されるようになりました。

フィッシャー・ブラック，マイロン・ショールズ，ロバート・マートンの三人の経済学者は，画期的なオプション価格設定モデルである「ブラック・ショールズ・マートン方程式」を考案しました。1973年に学術誌『政治経済学会会報』に掲載された論文「オプションの価格設定と企業取引」で紹介されたこの方程式は，金融取引におけるアルゴリズムのベースとなり，金融業界を数兆ドル規模の産業へと成長させました。このアルゴリズムのおかげで，人々はオプション商品の価格設定や売買を，以前よりも精度高く効率的に行うことができるようになったのです。

しかし，ブラック・ショールズ・マートン方程式はオプション商品の価格設定以外に，オプション商品の開発にも応用可能であると，考案者の一人マートンは述べています。つまり，オプション価格設定モデルは，生産方法論としても用いることができ，企業はこのアルゴリズムを使って，独自のオプションやデリバティブを精密に設計することができるのです。ブラック・ショールズ・マートン方程式と同様に，レコメンデーション・エンジンも消費の機会を増やすだけでなく，コンテンツの生産手法を提供します。この二つの異なる側面を併せもつ機能には，深い意味が隠されているのです。

当然のことながら，ブラック・ショールズ・マートン方程式のアルゴリズムはその非常に卓越した革新性が認められ，マートンとショールズは1997年のノーベル経済学賞を受賞しました（1995年にすでに他界していたブラックは，故人に対しては授賞されないというノーベル賞の取り決めのため，授賞が見送られました）。

世界初のレコメンデーション・システムといわれる「Tapestry」を考案した米ゼロックス社のパロアルト研究所（PARC）の著名なコンピューター科学者アラン・ケイは，「未来を予測する最良の方法は，それを発明することである」という名言を残しています。この章で紹介した三つの革新的事例が示すように，レコメンデーション・エンジンは今後，私たちの未来を革新的な方法で創造していくことになるでしょう。

第7章

レコメンデーションの未来

自己認識，自己利益，向上心，思うがまま，自制心，「最高の自分」という考え方と理想――。レコメンデーション・エンジンは，自分がどういう人間であるのか，何を望んでいるのか，どうありたいのかを次第に具現化していきます。忘れていた同僚に連絡をとろうと思わせてくれたソーシャルメディア。絶妙なタイミングで目に飛び込んできた，ほかでは決して見られなかった記事。人生を変える映画。想像すらもしなかった友人や仕事関係の人との出会い――。アルゴリズム的に言えば，タップやスワイプ，音声入力によって，レコメンデーション・エンジンが個別化されたオプションや選択肢を生成し，「次の瞬間」を把握可能な機会に変えるのです。Alexa，Amazon，Apple，Facebook，Google，LinkedIn，YouTube，TikTokなど，レコメンデーション・エンジンの圧倒的な影響力から逃れることなどできません。とはいえ，これらの企業の増大する影響力と明るい未来は，相容れるものなのでしょうか。

この最終章では，レコメンデーション・エンジンの未来を理解するための鍵について論じます。そこではデジタル化あるいは仮想化された自己ではなく，アルゴリズム時代のテクノロジーによって根本から強化された自己の未来像が明らかになるでしょう。効果的なレコメンデーション・エンジンは，自己認識をうながし，自己利益を知らしめ，向上心を刺激し，自制を求めつつも思うがままに行動するようユーザーを誘《いざな》います。「自分らしくありたい」というニーズや潜在的な欲求を顕在化させて提供するのです。ユーザーが受け入れたり，無視したりするレコメンデーションは，ユーザーが考え，感じ，そして実際はこうありたいと願う自身の姿を示しているのかもしれません。

まるでユーザーの姿を細部までありのままに映す鏡のように，レコメンデーション・エンジンは，ユーザーが自分自身をどう見て，何を好み，どのような可能性をもっているかをクローズアップして見せることができます。レコメンデーション・エンジンは，「最高の自分」あるいは「よりよい自分」になれる可能性や将来像をちらつかせて誘いかける一方で，行動主体性や自由意志という基本的な概念に疑問を投げかけます。技術革新が進むにつれ，レコメンデーションはさらに強力となり，人々の未来像を定義し，デザインし，予知するような説得材料となることは確実です。自己の未来像はレコメンデーションの未来であるといっても過言ではありません。

レコメンデーションは，いずれ人的資本の変革を牽引する推進力になるでしょう。

レコメンデーション･エンジンの草分け的企業や専門企業は，レコメンデーションという先駆的な技術がやがてユーザー自身以上にユーザーを理解するようになることを強く望んでいます。

この野望は理想というより傲慢に聞こえるかもしれませんが，AIの権威や機械学習の専門家たちが望んでいるのはまさにそれなのです。初期のAmazonでレコメンデーション・エンジンの開発を率いたグレッグ・リンデンは，「発見とは，自分や自分の好みを理解してくれ，あらゆる段階において協力的で，またニーズを予測してくれる友人と話すようなもの。自分以上に自分のことをよく知っている，そんな友人です」と述べています。

「アルゴリズムは，ユーザーが自分を知る以上にユーザーを知っています」。かつてNetflixやQuoraのデータサイエンス･イノベーターとして活躍したザビエル・アマトリアインはそう述べています。中国の大手ECサイトJD（京東商城）の最高技術責任者であるチェン・チャンの言い方は，それよりはやや控えめです。「皆さんがご自身のことを知るように，私たちも皆さんのことを理解するようになるでしょう」と『エコノミスト（*The Economist*）』誌に語っています。デジタルエリートたちの間で絶対的なイデオロギーとして定着しつつあるのが，この

レコメンデーションは，
いずれ人的資本の変革を
牽引する推進力になるでしょう。

「あなた以上にあなたのことをわかっている」という言葉です。RecSysの学術文献や研究文献では，「超自己」というテーマもよく見られます。「まわりの人と同じ」では不十分です。次世代の独創的なレコメンデーション・エンジンには，漠然とした欲求が頭に浮かぶ前に先手を打って個別化することが求められているのです。

しかし，そうした優れた自己認識は，どのようなかたちで発揮されるのでしょうか。頭のよい人の思いあがった振る舞いは魅力的とはいえませんが，知ったかぶりの機械がどこまで魅力的になれるかもわかりません。レコメンデーション・エンジンがそれを使う人間以上にその人のことを知っていたとして，実際に何が起きるのでしょうか。理論的にも実践的にも，答えは明らかです。つまり，「自分以上に自分のことを知っている」レコメンデーションに対し，ユーザーは好奇心を抱き興味をもつか喜ぶか，あるいはそのアドバイスが特別なものでも何でもないと思うか，そのいずれかになるでしょう。要するに，試してみればよいのです。

ただし，これらの質問は，より深く，より暗く，避けて通ることができない倫理的な未来の自己に関する難問を顕在化させます。あの素晴らしいレコメンデーション・エンジンは，本当は誰の利益のために働いているのでしょうか。結局，欲しくなるとは思いもよらなかったものを喜んで買ったところで，長い目でみればお買い得ではなかったのかもしれません。同様に，興味をそそる魅力的な動画のレコメンデーションが悪影響を及ぼし，常習的な時間の浪費につながることもあるでしょう。レコメンデーション･エンジンは，あなたの長所をよりよく学び，探求するよりも，不安な点を見つけて利用するように働くものなのでしょうか。中途半端な答えでは，データサイエンティストたちは満足しません。一方，悲観論を唱える社会・文化評論家たちは，「超自己」的なレコメンデーションの誘惑を，潜在的に有毒な禁断の果実とみなしています。イギリスの歴史家・思想家であるアクトン卿の言葉を借りるならば，「絶対的な自己認識は，必ずや腐敗する」からです。

このような懐疑的な歴史家や哲学者，未来学者たちにとって，レコメンデーション・エンジンが圧倒的な勢いで台頭することは，個人の行為主体性と自由意志にディストピア的な脅威をもたらすことを意味します。彼らはレコメンデーション・エンジンを，デジタル依存やデジタル中毒に陥る「滑りやすい斜面」というよりも，「自殺行為的な飛び込み」ととらえ，レコメンデーションを避けるように強く推奨しています。

イスラエルの歴史学者で未来学者のユヴァル・ノア・ハリリはインタビューでこう答えています。「大抵の場合，人々はレコメンデーションに従います。それは，アルゴリズムの選択のほうがより適切だということを経験的に理解しているからです」。

レコメンデーションは決して完璧ではないかもしれませんが，完璧である必要もありません。平均して人間よりも優れていればよいのです。それは不可能なことではありません。人間は人生で最も重要な決断を下さねばならないときでさえ，しばしばひどい間違いを犯すのですから。そして，これは未来のシナリオなどではありません。私たちはすでにどんな映画を見るか，どんな本を購入するかを決める権限をアルゴリズムに与えているのです。しかも，アルゴリズムを信頼すればするほど，自分で判断する能力がどんどん失われていきます。たとえば，Googleマップのレコメンデーションに頼っていると，何年後かにはどこに行けばいいのか直感が失われてしまい，自分の住んでいる街のことすらわからなくなってしまうでしょう。つまり，理論的にはまだ自分に権限があるのかもしれませんが，実際はすでにアルゴリズムに権限が移ってしまっているのです。

そのアルゴリズムがあなた以上にあなたのことを知るようになると，「あなたの感情を操ることができるようになり，商品であろうが政治家であろうが，なんでも売り込むことができるようになります」とハリリは主張しています。実態としては，あなたが「ハッキング」されるようになる，と彼は明言しているのです。

レコメンデーション・エンジンのアルゴリズムがマルウェアとなって人間をハッキングする――それは単なる可能性にとどまらず，実際に避けられないことだとハリリは悲観的に述べています。「人間をハッキングするということは，肉体，脳，そして精神のレベルで，人の内側で何が起きているかを理解し，その人がこれから何をするかを予測できるようになるということです。人の感情を理解することは可能ですし，いったん理解や予測ができるようになると，当然のことですが，大抵の場合，その人を操ったり，コントロールしたり，取って代わることさえできるようになります。もちろん，完全には無理ですが，百年前でもある程度は可能でした。でも，当時と今とではそのレベルは大きく異なっています。本当の鍵は，あなたが自分を理解している以上にあなたを理解する誰かがいるかもしれないということです」。

そのような野望や野心が昔から存在するとしても，その本当の鍵が実際に開く「行動の扉」とは，どのようなものなのでしょうか。多くの人には，自分のことをよく知り，心から愛してくれる友人や親，兄弟姉妹，配偶者がいて，信頼や思いやり，献身，つながりがあります。それでもどういうわけか，その誠実で最も信頼できる人からの幅広い情報に基づくアドバイスは，頻繁ではないにしても無視されがちです。あるいは通り一遍にしか聞き入れられません。なぜそんなことになるのでしょうか。優れた知識や信頼は素晴らしい資質ですが，だからといって敬意や従順さを保証するものではありません。卓越したアルゴリズムが，人間にはまねできないような忠誠心と従順さをすんなりと獲得できるという主張は，未検証ではないにしても，立証もされていなければ，可能性が高いともいえないのです。

ただし経験的に，レコメンデーションやアドバイスが社会的，心理的，経済的に魅力的に映るのは，強制されるものではなく，選択肢があるからです。よいアドバイスといえども，それに従うより無視するほうがずっと気持ちが楽になることがありますが，それは「いいえ」「まだ」「考えてみます」と言えることで，行為主体性が力を与えてくれるからです。Googleマップを使用することにより，本能的直感力は衰え，レコメンデーションに依存するようになります。ハリリが唱えたそうしたテクノロジーに対する悲観論は，「書き留めておくことが増えるにつれ，人間の記憶力は傷つき，弱くなる」というソクラテスの『パイドロス』の一節を思い起こさせます。「時代や状況が変わっても，結局本質は何も変わらない」ということなのでしょうか。

さらに不吉なことをいえば，ハリリらは，レコメンデーション・エンジンを，いったん神経生理学的なゲートの中に入れてしまうと自由意志を破壊し変質させてしまう，アルゴリズムによる「トロイの木馬」とみなしています。このような心を惑わすソフトウェアは，本物の選択肢が存在するという錯覚を与えるだけです。「従来の進歩主義的なストーリーを信じるなら，この課題をあっさり否定したくなるでしょう」とハリリは主張します。「『いや，そんなことは絶対にありえない。遺伝子やニューロン，アルゴリズムをはるかに超えた何かがこの世界にはあるのだから，誰も人間の精神をハッキングしようとするわけがない。私の選択は私の自由意志の表れなのだから，私がどんな選択をするか予測して操るなんてできるはずがない』と言うでしょう。しかし残念ながら，このような誘惑をはねつけたとしても,消えてなくなるわけではありません。それどころか,そのような誘いに対し，さらに脆弱になってしまうだけです。もし政府や企業が人類という生物のハッキングに成功したとしたら，最も操りやすいのは自由意志を信じる人たちでしょう」。

自由意志に関する課題を否定する代わりに，このようなアルゴリズムが機能するためには自己認識を消してしまう必要があるという点に注目しましょう。つまり，アルゴリズムは人々の自己認識をうまく変えたり，消したりできなければならないということです。実のところ，ハリリの主張は疑問を投げかけています。「人間をハッキング」するという感覚は，自由意志が幻想であり，熱心な自由意志の信奉者はだまされやすい愚か者であるということを前提としています。行為主体性,自己認識,自由意志といった概念は，神経哲学，神経生物学および心理学では論争を引き起こすかもしれませんが，ハリリや「レコメンデーション嫌いの人たち」はそうとは考えず，科学的には解決済みだと考えているのです。彼らが自由意志によって，自由意志の存在を否定するのはなんとも皮肉な話です。

しかしこれは，未来の自己を「meat puppet」としてとらえた場合の話であり，確率論的で複雑なシステムは，最終的にはGoogleやFacebook，Amazon，Alibabaなどがコンピューターによってはじき出す味気ない決定論に屈することになるのです。これらの企業は何がベストかわかっているだけではありません。個別化された自己達成的な予言を提供しているのです。多くのレコメンデーション・エンジンが存在するデータ主導の世界では，デジタルな決定論が運命を決めるのです。まさに「ロボット君主万歳」とでも言いましょうか。

もちろん，だからこそ未来の自己や未来のレコメンデーション・エンジンといったテーマは並々ならぬ関心事なのです。世界中の個人の表現と人間の自由に関する運命は，この二つの共進化にかかっています。ここで基本的なことを整理しておきましょう。レコメンデーションとは，選択することを意味します。ユーザーは，自分自身で選ぶよりもレコメンデーション・エンジンに頼ったほうがよりよい選択ができると当然のように信じています。しかし，もしレコメンデーション・エンジンがユーザー以上にユーザーのことを知っているとしたら，それはあまりにずる賢い誘惑に感じて，耐えられなくなるでしょう。

Stitch Fixのエリック・コルソンは，Netflixに勤めていた頃のプロダクトマネージャーと議論したときの言葉を引用して，次のように述べています。「もし私たちが本当に大胆であるなら，レコメンデーションを五つも六つも見せたりしません。

一つだけちらっと見せて，ユーザーがオンラインになったら，レコメンデーションを仕掛けるのです」。

レコメンデーションの専門家は，自分たちの願望には慎重になるべきです。この種の「大胆さ」には，落とし穴が潜んでいるからです。人々に本当の意味での選択の余地がないとしたら，それは本当の意味でのレコメンデーションといえるでしょうか。ユーザーに行動主体性がない，つまりその選択肢が巧みにコントロールされていたり，選ぶのがきわめて難しい状況だったりしたら，そのレコメンデーションは本物といえるでしょうか。本当の意味での選択肢を提供しないレコメンデーション・エンジンや，選択肢のほとんどが利己的なレコメンデーション・エンジンは，詐欺のようなものです。たとえユーザーがこれから手に入れるものについて表面上は「気に入っている」ように見えたとしても，それは文字どおり選択の余地がないからです。そこに「自我」などあるでしょうか。トランプの「スリーカードモンテ」のマジックに引っかかる人のように，だまされているだけなのです。

ハリリが言うように，レコメンデーション・エンジンのアルゴリズムが人の脳や心を効果的にハッキングして確実にトランス状態に陥れると仮定すると，私たちはもはやレコメンデーションやアドバイスがはびこる領域では生きてはいけません。それどころか，自由と選択がはっきりと制限された暗黒の領域に移行してしまったといえます。自由意志が幻想であるか否か

人々に本当の意味での
選択の余地がないとしたら，
それは本当の意味での
レコメンデーションと
いえるでしょうか。

はさておき，人間の行為主体性が否定されたことになるのです。

もしレコメンデーションが，行為主体性と選択肢を必然的に伴うものだとするなら，常習化や無条件の依存などは，まさにその不在を意味します。レコメンデーションへの依存者は選択などしません。依存は退化を招き，頭をまったく使わなくなってしまいます。意図的な操作は，それが企業によるものであれ，国家によるものであれ，選択を本質的に変容させ，歪めてしまうのです。このように人をだましてあざむくようなアルゴリズムを「レコメンデーション・エンジン」と呼ぶのは，レコメンデーション・エンジンの本質をひどくゆがめることになります。彼らの真の目的と動機は，何かをすすめることでも，説得することでもなく，服従させ，順守させ，支配することなのです。

これは，本来レコメンデーション・エンジンがユーザーに求めるべきことと，文字どおり対極にあるといえます。レコメンデーション・エンジンが誠実に機能するのは，はっきりと目に見えるかたちで行為主体性と選択に権限を与えるときです。ユーザーの権限を奪うように設計されたレコメンデーション・エンジンはその名に値しない，偽物なのです。世界中のあらゆるレコメンデーション・システムのアルゴリズムの中心にあるのは，古代ローマのレトリックの達人であり，占いに懐疑的だったマルクス・トゥリウス・キケロの有名な言葉です。「Cui bono ?」つまり「誰の利益になるのか」，これこそが本質的な問いなのです。

レコメンデーション・エンジンがユーザーを知れば知るほど，あるいは，予測すればするほど，キケロの問いとそれに対する課題はますます重要になります。インターネットビジネスに関する有名な警句に「お金を払っていないあなたは顧客ではなく，商品である」という皮肉めいた言葉があります（とはいえ，成功しているデジタルイノベーターは高品質の商品を好むものです。実際，ベゾス，ブリン，マーのような人たちが，自社の最も大切な商品をおとしめたりさげすんだりする理由があるでしょうか）。

ところが，策略を弄して思い通りの結果を手に入れようとする国家や企業は，自らの利益こそがすべてであるという意図を隠そうともしません。果ては政治的，商業的，文化的な手段を講じてでも自分たちの策略を正当化しようとします。だからといって，レコメンデーション・エンジンの未来が，ハリリが論じるようなSFドラマの『ブラック・ミラー』風のシナリオに従う必要はありません。レコメンデーション・エンジンは，ユーザー自身の利益を反映して尊重することができるし，大抵は実際にそうしています。倫理的なレコメンデーション・システムは，建設的な方法で相反する利益間のバランスをとったり，誤りを正すようなかたちで偏らせたりすることもできます。行為主体性は，利己的利用よりも収益性が高く，生産的で，持続可能であることが証明されているからです。

ただし，「誰の利益になるのか」という問いへの答えが明らかにするのは，主にエンジンの設計者が用いる手法や動機に限られています。ハリリが主張するデジタル・ディストピアを信じる人々の心を悩ませているのは，「誰が利益を得るかを決めるのは誰か」というさらに鋭い，重要な問いかけです。「超自己」的なレコメンデーション・エンジンが悪質なハッカー行為を最小限に抑え，利己的利用よりも自主性を尊重することを保証するには，どのような市場や規制の力が求められるのでしょうか。

結局のところ，レコメンデーションの未来をめぐる論争は，それがディストピアであれ，善意によるものであれ，政治や統治システムの理念の衝突が激化し，表面化したものであり，そうなるのも必然ともいえます。世界的に見てもそのリスクは非常に高まっています。プラットフォーム，プライバシー，ソーシャルメディア，そしてAIの未来をかたちづくるあらゆる政策紛争は，現在進行中のレコメンデーション・エンジン革命に直接影響を及ぼします。従来の「誰が見張り役を見張るのか」という問いに欠けているのは，何がレコメンデーション・エンジンとレコメンデーションを特別な存在にしているかという視点です。機械がますます賢くなる時代に，行為主体性と権限委譲の守護者や支持者は，「誰がアーキテクトを選択する『アーキテクトの選択者』となるのか」という問いにも答えなければなりません。レコメンデーション，提案，アドバイスは，それらがどのように構成されているかということとうまく切り離して考えることができないからです。将来的にはおそらく，「規制当局のレコメンデーション・エンジン」が，テクノクラートと公務員に向けて政策提言に関する選択肢を提案することになるでしょう。

前述のとおり，ノーベル賞受賞者のリチャード・セイラーと，『実践　行動経済学（原題：*Nudge*）』（2008年，邦訳：2009年，日経BP）の共著者で「選択アーキテクチャー」という言葉を生み出した元ホワイトハウスの規制問題担当者キャス・サンスティーンは，多数のレコメンデーション・エンジンが存在する世界の政策パラメーターについて，思慮に富んだ考察を展開しています。たとえば，彼らが提唱するナッジは「リバタリアン・パターナリズム」を支持し，個人の権限と組織の特権との健全なバランスをとろうとしています。「リバタリアン・パターナリズム」とは，私的機関や公的機関が選択の自由を尊重しつつ，行動に影響を与えることが可能であり合法であるとする思想です。

さらにサンスティーンは次のように主張します。「特にナッジや選択アーキテクチャーの担当者が公務員である場合，透明性と国民による監視が重要な対抗手段になります。何事も隠したり，ごまかしたりしてはいけません」。行為主体性を重視するならば，テクノクラートにとってインフォームドコンセントが義務であり，倫理的な規範となるのです。

「超自己」的なシステムとユーザーの信頼を確実に調和させる政策や取り組みを特定するのは，依然として困難です。レコメンデーション・エンジンの透明性に関して，どのような規則や規制を義務づければよいでしょうか。たとえば，信頼できるレコメンデーション・エンジンには，ユーザーをハッキングするよりもユーザーへの権限付与に取り組んでいることを数字で証明するように求めればよいのでしょうか。皮肉にも，レコメンデーション・システムが生成するデータや分析が増えれば増えるほど，影響力のある公共政策のリソースとして，規制が強化されたレコメンデーション・エンジンが出現する可能性が高くなります。人間がハッキングされる可能性はあるかもしれませんが，その先に待ち受ける運命がディストピアである必要はないのです。

それでは，もし今後の規制や市場のイノベーションによって，レコメンデーション・エンジンが成功し，利己的利用よりも権限委譲のほうが重視されるようになるとしたら，ユーザーにはどのような新たな洞察や結果がもたらされることになるのでしょうか。レコメンデーションのイノベーションは，TencentsやFacebook，LinkedIn，Amazonをどのように攪《かく》乱《らん》し，再定義するのでしょうか。単純に技術動向を推測するだけでも，行為主体性や発見，選択を促進する，強い影響力をもった機会が豊富に現れてくることが示唆されています。NetflixやBytedanceの「レコメンデーション・ファースト」や「あらゆるものがレコメンデーション」とする感性は急速に普及し，今やデジタルデザインのパラダイムの主流となっています。

ここで考えを巡らしてみましょう。講演家のジム・ローンの言葉に,「私たちは，一緒に過ごす時間が最も長い五人の友人を掛け合わせた結果の，平均的な人間となる」という挑発的な名文句があります。この言葉に基づいて,レコメンデーション・エンジンとは何かを考えてみましょう。ローンのこの言葉に同意するかしないかはさておき，その「私たち」とは誰を指すのか，発見の糸口として，その意味をありのままに真剣に受けとめてみてください。さあ，Instagram，Facebook，Netflix，Twitter，Twitch，Hulu，Google，LinkedIn，Amazon，Kindle，Spotify，Yelpなどのソーシャルメディアやショッピングサービス，検索エンジン，フィードからデータを収集し，あなたが最も時間を費やしている上位五つを選び，そこから個別化された「ローン」式のレコメンデーション・エンジンをつくってみましょう。もしそこからコンテンツ手法と協調フィルタリング手法アルゴリズムを融合したハイブリッドなレコメンデーション・エンジンが喚起されるなら，それこそが正解です。

次に計算をします。きっと,その「ローン」式のレコメンデーション・エンジンは，おすすめの動画や音楽，レストラン，共有する写真，出会い，ゲーム，商品など，特に目新しくはないけれども,合理的な提案をしてくれるでしょう。結局のところ，あなたが選んだこの五つが，多くの時間を一緒に過ごした友人に当たります。でも，もしかしたら，そのうちの二つを特に気に入って利用しているかもしれません。そうであれば，その二つが「ローン」式レコメンデーション・エンジンへの貢献度がより高くなります。これにより，平均以上の品質のレコメンデーションや発見を得る可能性が高くなるのです。

その後，突然，「自分がなりたいのは，一緒に過ごす時間が最も長い五人の平均像ではなく，自分が知っている最高の五人を平均した人物だ」という思いが頭をよぎります。そのひらめきこそが，あなたにとって自分自身を発見し向上させるための思慮深く意識的な賭けとなります。さあ，データを収集・加工して，もう一度「レコメンデーション化」を実行してみましょう。すると新たに提案されるのは，あなたの平均値とはまったく異なるビデオ，音楽，本，写真，場所です。あなたがほとんど意識も想像もしなかった選択肢が提示されることになりますが，このようなレコメンデーションこそが，あなたが知っている最高の人々であり，いくつかの提案は素晴らしく見えるでしょう。

でも，ちょっと待ってください。なぜ，自分が知っている人に限定する必要があるのでしょうか。知らない人からでもインスピレーションやモチベーション，洞察力を受け取ってよいのではないでしょうか。たとえば，有名人の情報やデータはたくさんあるのですから，それを収集・加工してパッケージ化すればよいのです。もしかしたら，あなたは五人のお気に入りの有名人の平均像になりたいと思っているかもしれません。その場合，Netflix や Hulu であれば，あなたのお気に入りの五人の俳優，監督，脚本家を容易に特定し，彼らがお気に入りの映画やテレビ番組をあなたにすすめてくるでしょうし，Spotifyであれば，お気に入りのアーティストが作成したプレイリストをすすめてくれるでしょう。

あるいは，もっと積極的に想像してみてください。「meal prep（ミールプレップ，つくり置き食）」のレコメンデーション・エンジンを試してみたとしましょう。あなたが次につくる料理は，五人の憧れのシェフや料理人が選び抜いて提示してくれたものになるかもしれません。レコメンデーションは，あなたの料理の腕前，時間，設備，要望に合わせて調整されるでしょう。料理のつくり方を説明した動画を見るだけではなく，AR（拡張現実）のソフトウェアをダウンロードすれば，実際に料理をつくりながら，タブレット端末やAirPodsを通して視覚的な指導を受けることもできます。レコメンデーション・エンジンは，もちろんAmazonプライムなどの食品販売サイトのアカウントに接続して，適切な食材の注文や配達の手配もすすめてくれます。レコメンデーション・システムの進化や技術革新は，レコメンデーションや励まし，コーチング，アドバイス，指導，トレーニングの境界線を絶えず曖昧にします。このようなコンピューターを使ったマッシュアップを行えば，同様に日常の運動メニューの作成や子育てのアドバイス（例：「ユーザーが知っている五人のベスト・シングルマザー／ファーザーの平均像になる方法をアドバイスする」）にも応用が可能です。

機械学習とコンテンツ生成能力が飛躍的に向上している今，潜在的なレコメンデーション・エンジンのリソースの広がりについて再考する必要があります。インスピレーションや洞察を得るために，世界中の知恵の集積に目を向けてみましょう。もしかしたらあなたは，「自己啓発」分野における五人の教祖的存在の平均像になりたいと思っているかもしれません。エピクテトス，孔子，モンテーニュ，デール・カーネギー，オプラ・ウィンフリー，スティーブン・コヴィーなど，歴史上，最も賢明かつ明快なアドバイザーの言葉をうまく組み合わせたレコメンデーションについて考えてみてください。ベンジャミン・フランクリンやジークムント・フロイトを加えてもいいでしょう。あなたが望むものは，それらを統合した最高のアドバイスです。このようなアドバイザーに関する資料は豊富にあるので，それを収集・加工して「レコメンデーション」にすればよいのです。

回帰型ニューラルネットワークやトピックアナライザー，自然言語処理ソフトウェアは，組み合わせたアドバイスを，モチベーションを高めるストーリーにスムーズにつなげることもできるでしょう。スティーブン・コヴィーのスタイルでモンテーニュが最大限の力を発揮するかもしれませんし，デール・カーネギー風のエピクテトスにヴィクトール・フランクルを少し加えたものこそが真のインスピレーションを与えてくれるかもしれません。レコメンデーション・エンジンは，あなたの反応に基づいて，あなたが誰のアドバイスを受け取るべきかをランク付けしてつなげてくれます。のみならず，自己認識を深めてよりよい自己を実現するための，もう一つのおすすめの方法でもあります。

しかし，あなたはもっと具体的なレコメンデーションを求めているのではないでしょうか。あなたが必要とするアドバイスは，料理など特定のスキルや，モチベーションが必要な状況などにとどまらないかもしれません。だとすれば，個人の特質を重視するレコメンデーション・エンジンはいかがでしょうか。あなたの行動や個性のなかから，ナッジが必要な部分や要素を五つ挙げるとしたら，それは何でしょう。つまり，あなたがセルフイメージの一部を調整したいと思ったときに，レコメンデーションやアドバイスはどのように変化するでしょうか。たとえば，Amazonは「好奇心旺盛な」あなたと「普通の」あなたにどんな本をすすめ，Spotifyは「もっと生産的になりたい」と思っているあなたにどんなプレイリストをつくってくれるでしょうか。あるいは，「大胆でクリエイティブになりたい」と思っているあなたや「もっと影響力のある人になりたい」と思っているあなたにどんなパワーポイントやプレゼンテーション画像をすすめてくれるでしょうか。

その要点や目的は，提案された機能強化にやみくもに従うことではありません。複数のバージョンの自己が何をできるのかということを，文字通り目で見て，耳で聞き，心で感じる力を人々に与えることです。この点において，レコメンデーション・

エンジンの未来を支える真のAIは，人工知能などではなく，拡張された内観なのです。つまり，レコメンデーションは，想像できる（想像力にあふれた）未来の自分を映し出す，まさに魔法の鏡となるのです。

ジム・ローンには，皮肉を込めてお詫びしますが，ここで述べたレコメンデーションの思考実験の5番目のモチーフは，筆者が適当に決めたものであり，本質的なポイントではありません。レコメンデーション・エンジンがポートフォリオを個別化する力は変容をもたらします。レコメンデーション・エンジンは，個人やコミュニティーからも同様に，育成され，統合され，個別化されます。あなたはレコメンデーション・エンジンによって，どのように行為主体性や洞察力，選択性を高めたいですか。レコメンデーション・エンジンは使えば使うほど学習を重ね，「次に何をすべきか」と「自分がどうなりたいか」との間の重要な橋渡しを，アルゴリズムによってナビゲートしてくれるのです。

また，レコメンデーション・エンジンの構造は，「一つのレコメンデーション・エンジンがすべてを支配する」というメタアンサンブル構造なのでしょうか，あるいは今日の「平均」的な自分を超える手法を提案するものなのでしょうか。

ここで，ある重要な「二重性」が浮かび上がります。こうしたシナリオでは，レコメンデーション・エンジンは，動画や音楽，本，旅行などの消費を拡大するための媒体やメカニズムと

その要点や目的は，
提案された機能強化に
やみくもに従うことではありません。
複数のバージョンの自己が
何をできるのかということを，
文字通り目で見て，耳で聞き，
心で感じる力を
人々に与えることです。

してだけでなく，プレゼンテーションを行う，メモやコードを書く，プロジェクトを管理する，人を動かす，といった個人の生産性向上のためのプラットフォームや足がかりにもなります。つまり，レコメンデーション・エンジンは，商品やサービスの消費に関わるのと同様に，人材の育成や強化にも関わっているということです。そのため，レコメンデーション・エンジンの未来を理解する鍵は，自己の未来を理解するだけでなく，レコメンデーション・エンジンの台頭が複数の自己の未来をつくるということを理解することにあります。実際，レコメンデーション・エンジンは，私たち自身の最も重要な側面を複製し，拡張する手段になるのです。

代理実行者よりも行為主体性が重要

「デジタルの自己」の能力を根本的に見直すことによって，人間の自己を劇的に強化する革新的な機会が生まれます。AlexaやSiriのような代理実行者が望ましい結果をもたらすためのタスクを実行する一方で，それらのタスクや結果を実際に定義するのが「デジタルの自己」です。つまり，さらに進化した代理実行者を構築することよりも，より生産的で価値の高い複数のバージョンの自己を構築できるようにすることが，重要な技術的課題であるといえます。

企業の生産性を向上させるのは，単なる代理実行者やボットのようなソフトウェアなどではなく，データ主導の複数の自己です。そしてテクノロジーの進歩とともに，人々は複数の最高の自己を特定し，管理し，目に見えるかたちで向上させることができるようになります。このような未来では，私たち一人ひとりが，よりクリエイティブな自己，革新的な自己，洞察力に富んだ自己，協調的な自己などのさまざまなバージョンの自己をデジタル的に定義して展開し，新たな価値と効率をもたらすことによってビジネスの成果へとつなげていくことになるでしょう。

人は，データ主導のアルゴリズムが作成したヒントやナッジ，レコメンデーションを受け取ることで，よりよい自己とよりよい結果とを結びつけることができます。「複数の自己をもつ人」は，消費を促進させるタイプのレコメンデーション・エンジンの代わりに，何を言うべきか，いつ話すべきか，誰と働き，その場その場でどのように振る舞うべきか，といった実用的な洞察やアドバイスを得ることができます。今後，最も有能な管理職は，最も有能な「自己」を選択し，採り入れられる者であり，このようなリーダーたちは全力で「自己」の向上に取り組んでいるといえます。

複数の自己とは，通常の自己，典型的な自己，平均的な自己をはるかに上回るように意図的に設計された，一人または複数の個人としての次元をもつデジタル版の自己，と定義するのが適切でしょう。要するに，経済や組織に対して偏った影響を与える特定の個人的特質を，デジタル的に増幅したり強化したりすることを意味します。そのような特質には，大胆さや親しみやすさなどの情緒的な資質や，ファシリテーションや仮説の構築などの技術的スキルが含まれます。

複数の自己を管理することで，効率的な自分と感情的な自分の間の経済的な利益と妥協点のバランスがとれるようになります。複数の自己は，メタ認知，つまり私たちがどのように考えるかについて考えるための革新的なプラットフォームになるのです。より正確に言えば，複数の自己は，考えることについて考えるためのレコメンデーションを作成するということです。

たとえば，次のようなパレート自己ポートフォリオの管理について考えてみましょう。私たちの影響力や価値の80％を才能，気質，行動が占めるとしたら，残りの20％は何によって占められているでしょうか。この「自己に関する知識」は，私たちに力を与えるだけでなく，管理職が従業員のやる気を高め，評価するための新しい方法も引き出してくれます。この方法は，予想よりも早く人事評価の基準になるだろうというのが筆者の見方です。

世界中の労働者がより機動力と適応力に優れた競争相手に直面するようになると，従来のようなコンピテンシーや，典型的あるいは一般的な個人のパフォーマンス向上だけでは，もはや太刀打ちできません。自己をデジタル的に分解する，つまり，どの側面や特質を増幅し，どの弱点を減らすかというポイントを理解することで，インパクトのある生産性向上の機会を豊富に引き出せるということが，調査で明らかになっています。以下はその例です。

- ある重役は，自分が書いた文章には明瞭さ，力強さ，勢いが欠けていると認識しています。複数の自己が存在する世界では，その重役は自分が書いた手紙やメッセージをIBMの人工知能「Watson」のTone Analyzerのようなソフトウェアと共有します。ソフトウェアは修正案を提示し，力強く，わかりやすい文章に仕上げてくれます。
- あるグローバルプロジェクトのマネージャーは，チーム内の連携や協調，士気を高めようとしています。彼女用にカスタマイズされた「selvesware」(自己分析ソフトウェア)がソーシャルネットワークの分析を行い，プロジェクトのマイルストーンに優先順位をつけます。ミーティング後にはコミュニケーションを見直し，日々の進捗チェックリストを提案してくれます。
- 技術的には優れているが創造性が乏しいユーザーインターフェースの設計者がいたとします。彼はもっと大胆にクリエイティブになりたいし，そう見られたいと思っています。特別に設計されたビジュアル・レコメンデーション・エンジンは，クリエイティブで大胆なUXデザインの特質に基づいてプロトタイプのイメージやワイヤーフレームを提供してくれます。

いずれのケースでも，正しい答えや規範となるソリューションは存在しませんが，一人ひとりがほかでは得られない，明確で説得力のあるカスタマイズされた選択肢を手に入れることができます。Amazon，Googleマップ，Netflixと同様に，望ましい自己を創造するように設計されたアルゴリズムにより，実践的なデータ主導のレコメンデーションが生成され，人々はそれを受け取ることができるのです。

AmazonやNetflix風のレコメンデーション，アトゥール・ガワンデの「チェックリスト・マニフェスト」風のチェックリスト，あるいは新たな行動経済学のジャンルから生まれた「ナッジ」。このうちどれが自己を向上させるのに最適かという点については，人的資本に関する研究開発を進めるうえで感情的・認知的な質問となります。将来の意欲的な社員は，次に何をすべきかだけではなく，自分がどうなるべきかをデジタル的に選択し，それに投資するようになります。

複数の自己の実現に向けた社会科学的研究や概念は，非常に強固なものです。複数の自己をもつ未来は，人々が実際にどのように生産的な選択を行うかに関する心理学，行動経済学，認知的研究で蓄積された豊富な（そしてますます拡大する）知識を基盤として築かれています。

広範な文献によると，人間の心は，一貫したものというよりは，相反する認知的視点と感情的な欲求がぶつかり合うものとされています。自己，あるいは人間の行為主体性とは，このように本質的かつ永続的な対立の産物であると同時に副産物でもあるのです。

ニューヨーク大学の科学的研究専門の心理学者ジョナサン・ハイトは次のように述べています。「心理学の最も重要な考え方を理解するには，心がどのように対立する部分に分かれているかを理解する必要があります。私たちは一つの体に一人の人間だけが存在すると思い込んでいますが，ある意味では，複数のメンバーが集まってさまざまな目的で活動している委員会のようなものなのです」。

テクノロジーは，分割された自己の明らかな「バグ」を「デジタルの自己」という生産的な機能に変えていきます。自己に関する膨大な研究文献をもとに，分割された自己を，気の利いた目的に合った成果へとつくり直すのです。前述のように，ダニエル・カーネマンがノーベル賞を受賞した認知バイアスの定義や発見的手法，プロスペクト理論の研究が，デジタルの自己を設計するための明確なフレームワークを提供する一方で，行動経済学はアンカリング，フレーミング，双曲割引などの経験的に実証された洞察によって，自己認識の向上を助ける「selvesware」への道を開きます。同様に，ノーベル経済学賞を受賞したトーマス・シェリング（エゴノミクス）とハーバート・サイモン（限定合理性と満足度）の研究は，技術的な具体化のための概念的なインスピレーションを提供しています。

たとえば，マサチューセッツ工科大学のAI研究の先駆者であるマービン・ミンスキーの『心の社会』(1986年，邦訳：1990年，産業図書）は，心のモジュールをデジタルで拡大・強化する際にどのようなモジュールが最適かということについて，深く洞察しようとする研究者や起業家たちに真のロードマップを提供しています。複数の自己という論理は幅広い分野で支持され，これらすべての研究は，複数の自己の育成・管理により個人の生産性が向上すると強く主張しています。これにより，ソフトウェアの代理実行性の価値や重要性が低くなるわけではありませんが，人間の行為主体性による潜在的な生産力が正当に評価されていないことがいみじくも示されているのです。

昨今の世界的な傾向では，この人的資本への投資もまた新たな魅力的な選択肢となっています。FitbitやApple Watchのようなウェアラブルデバイスやセンサーなどの「Quantified Self（QS：自己定量化）」ツールやテクノロジーが普及すれば，複数の自己を設計するためのさらに豊富なデータセットが入手可能になります。すでに，歩数や心拍数を記録する技術を使って，一人ひとりのエネルギーレベルや気分を効果的に推測できるようになっています。モバイルデバイスのアプリは，体力測定と同様に知力や注意力の評価においても職場で大いに役立っています。

出勤日が近づいてくると，アドバイスを聞く気になれない，レコメンデーションに応答する気分ではない，上司と「Slack

でチャット」したくない，といったユーザーの気分を「selvesware」計測器と個人のKPIダッシュボードが生理学的に検知します。その結果，どうなるでしょうか。個人の生産性とパフォーマンスを向上させるには，自己に関するより詳細なデータと分析が不可欠です。さらに進化した精緻な「selvesware」により，革新的な自己，好奇心旺盛な自己，ファシリテーターとしての自己，コミュニケーション能力の高い自己など，さまざまな付加価値をもつ自己が，適切な合図やナッジ，レコメンデーションを適切なタイミングで取得できるようになります。

このようなレコメンデーション・エンジンが用いられる未来のビジネスケースは，依然としてシンプルで明快です。適切に管理された複数の自己は，代理実行者やボットに支援された平均的な自己を確実に上回るパフォーマンスと生産性を実現するようになるでしょう。

世界的な傾向として，定量化された自己の能力を補い強化する「Workplace Analytics」の採用が進んだ結果，この革新的な設計が注目されるようになりました。Googleや中国のHeierのように優れた業績を上げている企業やその文化もまた，個人の生産性の未来を予感させます。ラズロ・ボックの名著『ワーク・ルールズ！　君の生き方とリーダーシップを変える』には，彼が以前勤めていた会社が，個人の評価だけでなくチームを評価するためのデータ収集と測定基準にどれほど考えを巡らしたうえで投資していたか，また，同社が経営上の想定を検証するために社内と社外でほぼ同数の実験を行っていたことが書かれています。またボックは，Googleの絶え間ない改善への取り組みが，「奇抜な発想もオープンに受け容れる」社風をつくりあげたと評しています。

Google，Facebook，Amazon，Booking.com，Spotifyのような「生まれながらの」デジタル企業やその文化は，優れたデジタル技術やアルゴリズムの知識を駆使して複数の自己をもつ有能な人材を育成することで，さらに競争力のある優位な立場に立つことができます。企業のネットワークが拡大すれば，選択肢も増えます。たとえば，複数の自己の一人，ファシリテーターとしての自己は，Google，Bing，LinkedInなどを検索して，一緒に働く可能性のある人に関するデータを収集するようになるかもしれません。また，複数の自己のうちのクリエイティブな自己は，「アレクサ，この美的センスに合う画像を探して」とか，「アレクサ，自分が最も引き立つ会社で働けるようなクリエイティブな自分を見つけて」と頼むようになるかもしれません。

実際，生産的な人間は，ソフトウェアの代理実行者のポートフォリオを管理するだけでなく，複数の自己をチームとして管理します。そして管理職は，複数の個人から成るチームを監督するだけでなく，複数の自己と代理実行者のネットワーク化されたアンサンブルも監督します。

理論的には，サービスとしての複数の自己（multiple selves as a service：MSAAS）を提供する企業は，加入料として，「自己」一人につき年間199ドル，または総収入の1％のいずれか少ないほうを請求できるでしょう。従業員や雇用主は，Amazonプライムや Spotify，Netflixなどの契約と比較して，「さらに優秀な自己」にその金額に見合う価値があるかどうかをすばやく判断することができます。

さらに重要なことは，ビジネス上の真の課題は，レコメンデーション・システムや機械学習技術に関するビジネスモデルではなく，データガバナンスに関係しているという点です。データアクセスを促進して人事データや職場分析を共有するには，企業はどのような手段をとればよいでしょうか。職場での「大胆でクリエイティブな自己」は，あなたの雇用主のものでしょうか，それともあなた自身のものでしょうか。データに基づいた生産的な自己は，ポータブルなものでしょうか，それとも独占所有的なものでしょうか。

UCLAの心理学者ハル・ハーシュフィールドは，一連の強力で説得力のある実験を通して，自分の未来の可能性が，今この瞬間にどれほど重要であるかを明らかにしました。その前提となった「未来の自分を見ることは，現在の意思決定にはっきりと影響を与える」という仮説は，複雑な視覚化技術に根ざしているにもかかわらず，驚くほどシンプルで説得力があります。

ハーシュフィールドはある研究で，大学生のグループにデジタル処理で自分の顔を50歳以上に見えるように加工した画像を見せ，別のグループには各自の最近の画像を見せました。そして，給料から確定拠出年金（401k）の退職金貯蓄口座に振り込みたい額を自分の写真を見ながら答えるように指示したところ，デジタル加工で年をとった自分の画像を見た学生は，現在の自分の画像を見せられた学生よりも平均で約30％も多く貯蓄に回したいと答えました。

関連した実験では，20年後の自分について考えてみるよう指示された参加者は，今日からもっと運動をしようと決意しました。また，メキシコの消費者を対象にしたあるフィールド調査では，未来の自分について考えるように指示された参加者は，同様のナッジを受けていない参加者と比べて定期預金口座を契約する確率が高くなることが明らかになりました。この場合，何も指示されなかったグループの契約率が１％であったのに対し，「未来の自己」を考えるようにうながされたグループの契約率は３％に達したのです。「この結果からわかったことは，未来の自分の姿をより具体的に見えるようにするために，私たちができることがあるということです。こうしたやり方がよりよい決断をうながすのです」と，ハーシュフィールドは述べています。

レコメンデーション・エンジンや「selvesware」の技術が向上し，統合されれば，私たち一人ひとりが（可能性としての）未来の自己のイメージや表象に似たつながりを築く機会と選択肢をもてるようになります。身体的に健康な未来の自分の姿を想像するのは簡単です。でも，未来のクリエイティブな自己や影響力のある自己を心の中で思い描く最適な方法とは，どのようなものでしょうか。現時点での選択肢を見るだけでは，つまりその場限りのナッジやアドバイスを体験するだけでは，十分とはいえません。このような新たな局面は，人々が未来の自己とつながる最善の方法は何かという課題を突きつけます。レコメンデーション・エンジンと「selvesware」が一体化すれば，ユーザーは「次にやること」と「なりたい自分」をもっとうまく結びつけることができるようになるのでしょうか。傾向は宿命ではないかもしれません。しかし，行為主体性と権限委譲を実現する革新的な機会は，依存や利己的利用といった現実的なリスク以上の成果をもたらすのは明らかだと思われます。

「汝《なんじ》，自身を知れ」。これは古典の名言や格言のなかでも特に古く賢明な言葉の一つです。この本質的な知恵は，当然のことながら時代を超えて語り継がれてきました。しかし，かつてないほど賢明で革新的なテクノロジーの発展により，この言葉は21世紀のデジタル版へのアップデートを強く推奨されています。その言葉とは，「汝，複数の自己を知れ」です。

用語集

アイテム・プロフィール

アイテムの特徴量で構成。アイテムの種類が異なれば，コンテンツベースの類似性に基づく特徴量も異なる。ドキュメントの特徴量という意味では，重要とされるのが一般的だが，聞きなれない単語。

アイテムベースの協調フィルタリング

ターゲットユーザーが価値を見極め，相互作用するアイテムと，その他のアイテムとの類似性を測定。

アソシエーションルール

さまざまな関連データベースに収められた複数の大規模データセット内の，データアイテム間の関係における尤《ゆう》度《ど》，あるいは確率を確定する条件付き「if-then」命令。

アンサンブル学習

統計および機械学習では，アンサンブルは複数の学習アルゴリズムを使用し，構成要素である学習アルゴリズムのみのいずれかから得られるよりも，優れた予測パフォーマンスを実現する。

暗黙的相互作用

ユーザーと使用における間接的な「行動副産物」をキャプチャーするヒューマン／マシンの相互作用。たとえば，動画を見るのに費やされた時間，あるいは画面に表示される提案をクリック／スワイプするのに費やされた時間。暗黙の相互作用システムは，コンテクスト内のユーザーのアクションをキャプチャーすることにより，ユーザーの意図を理解しようとするシステム。

埋め込み

単語など，離散物体から実数のベクトルへの数学的写像。より明確にいえば，高次元のベクトルが変換される場所への比較的低次元の空間を指す。埋め込みにより単語の疎ベクトルでの表現が容易となるなど，大容量の入力による機械学習が可能となる。

オートエンコーダ

教師なしの機械学習であり非線形的な方法で，データの効率的表現を生み出すために使用される一種の人工的ニューラルネットワーク。

回帰分析
従属変数とその他一連の変遷する独立した変数との間の関係や相関の強さを判断する際に使用される統計的測定。

強化学習
環境との相互作用から起きる種々の行動からの学習。強化学習の本質は，報酬機能に対し，試行錯誤を繰り返す学習である。「強化学習」エージェントは，明確に教えられたり訓練されたりするのではなく，自身の行動結果により学習する。過去の経験（搾取）と新たな選択（探索）に基づいて次のアクションを選択する。

協調フィルタリング
レコメンデーション・エンジンのコンテクストを利用し，より多くのユーザーグループの嗜好を収集することで，あるユーザーの興味について予測を行う方法。過去に同意した人は，その後も過去に選択したアイテムと同種のアイテムを好み同意するという前提に基づいている。

行列分解（単に分解ともいう）
より大きなマトリックスをその構成部分に縮小する手法。この手法を行うことにより，もとの行列自体ではなく分解された行列に対し，より複雑な行列操作を行うことにより簡素化が可能となる。この手法は二つのエンティティー間の潜在的な，あるいは隠れて存在する特徴量を見つけ出すために使用される。

クラスター
特定の類似性をもつことで集約されたデータ点の収集。データは特定の値を中心に「収集」されているような傾向が見える。

コールドスタート
新規のユーザーやアイテムが登録されたときなどに，レコメンデーション・エンジンにまだそのユーザーやアイテムに関する十分な情報が集まっていないため，有意な予測を立てることができないという事象。

コンテンツベースのレコメンデーション・エンジン
推奨されるアイテムの共通の特徴を探すことにより，類似性を測定するアルゴリズム。

最近傍法
あるデータ点の周囲のデータ点を探すことで，そのデータ点がどのグループに属するのかを決定する際に用いるデータ分類手法。

次元削減
一連の主要／重要変数のセットを取得することにより，考慮する確率変数の数を減らすプロセス。

人口統計学的レコメンデーション・エンジン
ユーザーの人口統計学的プロファイルに基づいてレコメンデーションを提供すること。

推論
トレーニングによるモデルを，新しいラベル付けされていない例に適用することにより，予測を行うプロセス。

スパース性（疎）
「近隣」を特定したり，統計的に有意な類似性を計算したりするためのデータ成分が比較的少ないかほとんど存在しない問題。データがスパース（疎）であると協調フィルタリング技法によるレコメンデーションの質と適用性が制限される。

セレンディピティー（発見性，偶然の発見，出合い）
ユーザーにとって関連性が高く，魅力的，かつユーザーが予想していなかったレコメンデーション。

潜在的特徴量
直接的には観測されないが，ほかの直接測定または観測される変数から数理モデルにより推測される変数。潜在的特徴量は，行列分解を使用することにより観測される特徴量から算出される。

選択アーキテクチャー
人々が意思決定を下す状況をつくり上げることにより，選択に影響を与えるような実践行為。パターンや順番，および／または可能な選択肢の範囲によって，それらが意思決定にどのように影響を及ぼすかについての説明。

「選択肢の発見 vs 宣伝行為（利己的利用）」のトレードオフ
ユーザーにとって，最善の選択肢を考えるうえで，レコメンデーション・エンジンの目的が，「選択肢の発見」（ユーザーのよりよい将来的な意思決定につながる可能性のある情報をより多く提供すること）と，「宣伝（利己的利用）」（すでにある情報のなかから最善の選択をさせることによりユーザーに対して製品やサービスなどの利用を促すこと）と，どちらかであるべきかという問題を検討すること。

ソーシャルグラフ
ソーシャルネットワーク内にいる人々，グループ，組織をつなぎ合わせ，相互に接続した図。この用語は個人のソーシャルネットワークにも使用される。

多次元性の呪縛
次元数が多ければ多いほど関連するデータはスパースになるため，高次元空間でデータを分析および整理するときに発生する現象。

多様化
互いに類似してはいないが，ユーザーの興味に対し文脈的には関連しているアイテムを特定して推奨すること。

多腕バンディット
プレーヤーに与えられると期待される利得を最大化する手法において，競合する選択肢間に固定的で限定的な資源が割り当てられていなければならないという問題がある場合，それを説明するために使用される用語。

知識ベースのレコメンデーション・システム
ユーザーのニーズと嗜好に対して明確な推論を特定し，それに基づきアイテムの推奨を提供するレコメンデーション・システム。

TF-IDF（単語の出現頻度および逆文書頻度）
特定文書作成作業自体かそれをまとめた段階で，その文書にとって単語がどれほど重要に反映されるかの評価を目的とした，数値統計による評価手法。

特異値分解
複雑な行列をより小さな行列に分解するために，より速い計算により簡単に信頼できる方法で行う数学的手法。ここでの計算により，予想外に重要なグループ検出や識別が可能となる。

特徴量（特徴量選択）
あるモデルへの入力に使用される変数。

特徴量ベクトル
オブジェクト（画像や製品など）を数値化して表すことが可能であり，ほかのオブジェクト（画像や製品など）を測定して区別することのできる，数値の集合（ベクトル）。

トピックモデリング
テキストデータ内に隠された構造を探し出し，それらをトピックとして解釈するクラスターを使用する教師なし機械学習アルゴリズムのカテゴリーの一つ。

二乗平均平方根誤差
予測された値と実際に観測された値との差を測定する，モデルがいかに測定し得るかの尺度。

ハイブリッド・レコメンデーション・エンジン
協調フィルタリングやコンテンツベースなど，複数のレコメンデーション手法を組み合わせて出力を生成するレコメンデーション・エンジン。

評価指標
レコメンデーション・エンジンによるレコメンデーションの品質の判断のために使用される。

フィルターに囲まれた世界（フィルターバブル）
レコメンデーションおよび個別化されたシステムでは，ユーザーの興味に近い部分だけに限定された一連の情報を私たちの周りに生成させるが，一種の情報バブルで新しいアイデアやその他の重要な情報を除外し，閉じ込めてしまうリスクを伴う。

分類
与えられたデータ点がどこに分類されるかを予測するプロセス。分類されたクラスは，ターゲット／ラベルまたはカテゴリーと呼ばれる場合もある。

ベイズの定理
統計学者が，事象の発生に関連する可能性がある条件についての事前知識に基づき，その事象発生の確率を説明するために使用する有名な定理。

マーケットバスケット解析
ある製品を購入する際，概して，頻繁に，あるいはときどき一緒に購入される製品のペアの関連性の強さを見出すための分析手法。こうした分析により，共起のパターンを特定することができる。

マトリックス
行と列に配置された数値，記号，または式の長方形の配列。

明示的相互作用
ユーザーの意図的な評価，ランク付け，レビュー，または差し出されたオファーに対し，練り上げられたフィードバックを返すヒューマン／マシンの相互作用。

メモリベースのレコメンデーション
最初にモデルの生成を必要とせず，メモリ内に類似性を算出するアルゴリズム。

モデルベースのレコメンデーション
新しいあるいは未評価のアイテムを推奨する際に使用される，予測モデルを学習するための評価と相互作用データを用いたアルゴリズム。

ランク付けの学習
レコメンデーション・システムでのランキングモデルを構築する，機械学習のアプリケーション。

類似性測定または類似性関数
二つのオブジェクト間の類似性を定量化し，数学的集合または次元でオブジェクトがどの程度「近い」または「類似性がある」のかを測定する。類似性においては，しばしば距離メトリック（つまり，アイテムが数学的空間でどれだけ離れているか）の逆として測定される。

レコメンデーション・エンジン
類似のアイテムとそれらに対するユーザーのレスポンスを検出することにより，アイテムに対するユーザーからのレスポンスを予測しようと試みるアルゴリズム。

著者

マイケル・シュレージ／ Michael Schrage

スローン経営大学院デジタルビジネスセンターの研究員であり，インペリアルカレッジのイノベーションと起業家精神プログラムにおける客員研究員。このほか，Microsoft，Procter & Gamble, British Telecom, Google など多くの有名企業へのコンサルティングや顧問業務なども行っている。著書に『*Shared Minds*』（Random House）などがある。

監訳者

椿 美智子／つばき・みちこ

東京理科大学経営学部経営学科教授。東京理科大学大学院工学研究科経営工学専攻（博士後期課程）単位取得退学。博士（工学)。電気通信大学教授を経て 2021 年 4 月より現職。専門は大規模データのデータサイエンス的分析，AI・機械学習，UX 向上に基づくマーケティング科学。ビッグデータ分析に基づく理工学系の経営情報学と，経営学部のマーケティング科学や幸福感を向上させるための消費者行動研究，人材育成や自己向上学習の学術的知識を融合した新時代に相応しい文理融合的研究・教育に挑んでいる。

訳者

杉山千枝／すぎやま・ちえ

アメリカ・オレゴン州立オレゴン大学舞台芸術学科卒業。大手 PR 代理店，製薬企業で翻訳業務を経験後，独立。企業広報，芸術，ファッション，マーケティングなど幅広い分野で翻訳を手がける。訳書に『サイエンス超簡潔講座 パンデミック』（ニュートンプレス）がある。

山上裕子／やまがみ・ゆうこ

上智大学外国語学部卒業後，イギリスの大学院で開発学修士号を取得。英語教員，インハウス通訳者・翻訳者を経て，現在はフリーランス翻訳者として，企業広報，政府関連文書，ライフスタイルやヘルスケア関連の Web コンテンツなど，幅広い分野の翻訳を手がける。

RECOMMENDATION ENGINES

MICHAEL SCHRAGE

レコメンデーション・エンジン

2021年11月15日発行

著者　マイケル・シュレージ
監訳者　椿 美智子
訳者　杉山千枝，山上裕子
翻訳，編集協力　有限会社ルーベック
編集　道地恵介，山口奈津
表紙デザイン　田久保純子
発行者　高森康雄
発行所　株式会社 ニュートンプレス
〒112-0012　東京都文京区大塚 3-11-6
https://www.newtonpress.co.jp

ISBN 978-4-315-52470-3

カバー，表紙画像：©ケイーゴ・K，©Vectornation